OFICINAS
EM DINÂMICA DE GRUPO
Um método de intervenção psicossocial

Maria Lúcia M. Afonso
(Organizadora)

OFICINAS
EM DINÂMICA DE GRUPO
Um método de intervenção psicossocial

Artesã

Oficinas em dinâmica de grupo: um método de intervenção psicossocial.
3ª edição - 4ª reimpressão 2022

Copyright © 2018 Artesã Editora
É proibida a reprodução total ou parcial desta publicação, para qualquer finalidade, sem autorização por escrito dos editores.
Todos os direitos desta edição são reservados à Artesã Editora.

Coordenação editorial
Karol Oliveira

Direção de Arte
Tiago Rabello

Revisão
Aparecida Ferraz da Silva

Diagramação
Sheila e Renato - R&S Editorações

Ilustração de Capa
Capoeira no campinho II, Rachel Scott

Dados Internacionais de Catalogação na Publicação (CIP)
Angélica Ilacqua CRB-8/7057

Afonso, Maria Lúcia M.
Oficinas em dinâmica de grupo: um método de intervenção psicossocial/ Maria Lúcia M. Afonso. 3. ed. - Belo Horizonte: Artesã Editora, 2018.
176 p.

ISBN 978-85-8800-985-1

1. Dinâmica de grupo 2. (Intervenção) Psicologia 3. Psicologia da saúde I. Afonso, Maria Lúcia M.

13-0822   CDD-302.14

Índices para catálogo sistemático:
1. Dinâmica de grupo : Oficinas : Intervenções psicossocial

IMPRESSO NO BRASIL
Printed in Brazil

ARTESÃ EDITORA LTDA.
Site: www.artesaeditora.com.br
E-mail: contato@artesaeditora.com.br
Belo Horizonte/MG

SUMÁRIO

Apresentação 7

1. Oficinas em Dinâmica de Grupo: um método de
   intervenção psicossocial 9
   Maria Lúcia M. Afonso

2. Dimensões do Trabalho com Oficinas:
   A Experiência do Grupo Um 63
   Maria Lúcia M. Afonso
   Anna Carolina Andrade Barbosa
   Cássia Beatriz Batista e Silva
   Romina Moreira de Magalhães Gomes

3. Narrar, Comunicar, Elaborar: A Experiência do Grupo Dois 79
   Maria Lúcia M. Afonso
   Cássia Beatriz Batista e Silva

4. Reflexões sobre o Papel da Coordenação: A Experiência do
   Grupo Três 95
   Maria Lúcia M. Afonso
   Cássia Beatriz Batista e Silva
   Juliana Mendanha Brandão
   Ana Paula Barros Chaves

5. A Técnica como Linguagem: A Experiência do Grupo Quatro 109
   Maria Lúcia M. Afonso
   Gabriela Rodrigues Mansur de Castro
   Anaíde Oliveira da Silva

6. A Oficina como um Grupo Aberto:
   A Experiência do Grupo Cinco 121
   Maria Lúcia M. Afonso
   Mércia Veloso

7. "Oh! pedaço de mim, oh! metade arrancada de mim..." Oficina sobre Questões Étnicas, com Adolescentes Negras, em uma Escola Pública 129
   Stefânie Arca Garrido Loureiro
   Betânia Diniz Gonçalves,
   Karin Ellen von Smigay
   Maria Lúcia M. Afonso

8. A Leitura do Grupo: Uma Oficina de Alfabetização de Adultos Articulando Paulo Freire e Pichon-Rivière 137
   Maria Lúcia M. Afonso
   Stefânie Arca Garrido Loureiro
   Maria Amélia Thomaz

Glossário de técnicas utilizadas nas Oficinas 161

Sobre as autoras 169

APRESENTAÇÃO

As Oficinas aqui apresentadas foram desenvolvidas no período de 1998 e 1999, como parte de um Programa de pesquisa, extensão universitária e ensino, na forma de estágio supervisionado, no Laboratório de Grupo (LabGrupo)* da Universidade Federal de Minas Gerais. O livro teve a primeira publicação em 2000 e agora é relançado pela Casa do Psicólogo.

Para a realização da nossa pesquisa, contamos com o apoio do Conselho Nacional de Pesquisa (CNPq), da Fundação de Amparo à Pesquisa do Estado de Minas Gerais (FAPEMIG), das Pró-Reitorias de Pesquisa e de Extensão da Universidade Federal de Minas Gerais e do Mestrado em Psicologia da UFMG.

Nosso objetivo central foi desenvolver a fundamentação teórica e a metodologia de Oficinas em Dinâmica de Grupo como instrumento de intervenção psicossocial em diversas áreas, como saúde, educação, comunidades, orientação e capacitação profissional, políticas sociais, e outras. Neste livro, apresentamos os resultados que desenvolvemos até o ano 2000.

O capítulo inicial discute as articulações teóricas com que temos embasado o nosso trabalho. A seguir, apresentamos os relatos de 7 oficinas. Cada Oficina foi coordenada por uma dupla de estudantes dos últimos períodos do curso de graduação em psicologia da UFMG, que recebia supervisão semanal, em grupo, da professora e coordenadora do projeto. A supervisão contou também com a colaboração de estudantes de pós-graduação. Essas Oficinas foram realizadas em diferentes lugares e momentos. Procuramos, nessa descrição, não adotar um estilo muito acadêmico, embora a linguagem e a referência da teoria sejam essenciais.

Os Grupos Um, Dois, Três e Quatro constituíram "Oficinas" com pais de adolescentes em uma escola pública de Belo Horizonte. A partir de uma palestra que fizemos naquela escola, explicamos a nossa

---

* Hoje denominado Laboratório de Grupos, Instituições e Redes Sociais.

OFICINAS EM DINÂMICA DE GRUPO

proposta de trabalho – formar grupos de pais e mães interessados em refletir sobre a sua relação com seus filhos adolescentes. Abrimos inscrições para os interessados em participar das Oficinas. A adesão dos pais foi inteiramente livre, sem qualquer controle da escola, cuja diretoria apoiava o nosso trabalho. Os encontros foram realizados na escola.

O Grupo Cinco foi realizado segundo a mesma estratégia, mas em uma escola pública de Nova Lima, região da Grande Belo Horizonte, e teve um funcionamento diferente, pois se constituiu em "grupo aberto", também com o apoio da escola.

O Grupo que trata de questões étnicas, com adolescentes negras, foi realizado na mesma escola pública de Belo Horizonte, mas em um período diverso daquele em que trabalhamos com os grupos de pais. O Grupo de Alfabetização foi realizado em um abrigo da prefeitura de Belo Horizonte, com o apoio da equipe técnica responsável.

Embora em cada grupo possam ser observados todos os elementos do processo grupal, optamos por enfatizar, em cada artigo, uma dimensão desse processo em articulação com a nossa abordagem teórica. Assim, nossa intenção é apresentar os relatos de grupo como um conjunto articulado com a nossa parte teórica. Como nosso objetivo é o de construir uma metodologia, procuramos comentar pontos positivos e negativos, riquezas e limites. Ao final, inserimos um glossário, em ordem alfabética, das técnicas utilizadas nas Oficinas. Ao final do livro, apresentamos as autores.

Aproveitamos a ocasião para agradecer a todos que colaboraram com o nosso trabalho: participantes dos grupos, instituições que nos apoiaram, diretores de escolas, técnicos de programas sociais, colegas, alunos de graduação e pós-graduação, secretárias e, também, os nossos monitores voluntários do LabGrupo, onde desenvolvermos os nossos estudos.

Maria Lúcia M. Afonso
Outubro de 2005

OFICINAS EM DINÂMICA DE GRUPO:
UM MÉTODO DE INTERVENÇÃO PSICOSSOCIAL

Maria Lúcia M. AFONSO

O ficinas tem sido um termo aplicado às situações mais diversas, designando, geralmente, cada encontro em um trabalho de grupo. Neste texto, é sugerido um uso mais definido do termo: *a "Oficina" é um trabalho estruturado com grupos, independentemente do número de encontros, sendo focalizado em torno de uma questão central que o grupo se propõe a elaborar, em um contexto social. A elaboração que se busca na Oficina não se restringe a uma reflexão racional mas envolve os sujeitos de maneira integral, formas de pensar, sentir e agir.*

Como exemplos, podemos pensar em Oficinas com "pais de adolescentes com o objetivo de refletir sobre a sua experiência, valores e práticas envolvidos na paternagem/maternagem de seus filhos adolescentes"; "adolescentes com o objetivo de educação sexual"; "mulheres com objetivo de elaboração de questões de saúde e sexualidade"; "portadores de deficiência, com o objetivo de elaborar questões relacionadas à estigmatização social, à auto-imagem e inserção social"; "estudantes com o objetivo de desenvolvimento de criatividade", entre outras. Tais Oficinas podem ser interessantes, por exemplo, em escolas, centros de saúde, associações e entidades várias. A Oficina terá um planejamento básico, flexível, e se desenvolverá ao longo de um número combinado de encontros, como veremos.

A "Oficina" pode ser útil nas áreas de saúde, educação e ações comunitárias. Ela usa informação e reflexão, mas se distingue de um projeto apenas pedagógico, porque trabalha também com os significados afetivos e as vivências relacionadas com o tema a ser discutido. E, embora deslanche um processo de elaboração da experiência que envolve emoções e revivências, a Oficina também se diferencia de um grupo de terapia, uma vez que se limita a um foco e não pretende a análise psíquica profunda de seus participantes.

OFICINAS EM DINÂMICA DE GRUPO

Utilizando teorias e técnicas sobre grupo, a Oficina é, aqui, caracterizada como uma prática de *intervenção psicossocial*, seja em contexto pedagógico, clínico, comunitário ou de política social.

Origens teóricas de uma forma de intervenção psicossocial com pequenos grupos

Se a Oficina pode apresentar pontos inovadores no trabalho com grupos, ela expressa também uma tradição que vem desde a pesquisa-ação de Kurt Lewin. Longe de se opor a outras formas de trabalho com grupos, como o sociodrama, e o grupo operativo, tem com elas uma afinidade assumida e não pretende superá-las nem substituí-las. Tampouco é possível abdicar de uma análise de contexto institucional quando se desenvolve uma Oficina dentro de uma instituição. Essas ressalvas são para mostrar que o profissional que deseja desenvolver "Oficinas" não pode prescindir de outros estudos em teoria de grupo. Contudo, a aplicação do trabalho de grupo a uma problemática ao mesmo tempo individual e social, com um estilo de intervenção ativa caracterizam uma das intervenções possíveis, em psicologia social, e cabe ao profissional decidir quando e em que contexto utilizá-la.

Para explicar a "Oficina", começaremos por rever alguns pontos básicos da teoria dos pequenos grupos. Sem a pretensão de apresentar um texto completo sobre a dinâmica de grupo, procuramos selecionar os pontos principais que fundamentam o trabalho. Nesse percurso, fazemos uma inter-relação entre as contribuições da teoria de campo de Lewin (1988); da teoria psicodinâmica do grupo, como em Freud (1984), Bion (1975), Foulkes (1967) e Pichon-Rivière (1998); da pedagogia da autonomia de Freire (1976, 1980); e da análise das instituições, como em Enriquez (1997). Mais adiante, no texto, serão articuladas também as idéias de Braier (1986) e Winnicot (1975).

Kurt Lewin e a Pesquisa-Ação com pequenos grupos

Kurt Lewin é reconhecido como o fundador da teoria dos pequenos grupos e pesquisa-ação em psicologia social. Lewin nasceu na Prússia em 1890. Judeu em uma Europa onde o antisemitismo crescia, imigrou em 1933 para os Estados Unidos, onde morreu em 1947. Em 1945, fundou o Research Center on Group Dynamics no Massachusetts Institute of Technology (M.I.T), desenvolvendo pesquisas sobre aspectos psicológicos envolvidos na mudança social, as forças que impulsionam ou que resistem à mudança, nos pequenos grupos (Maihilot, 1991).

Buscando entender como as formas de discriminação e preconceito se reproduziam na sociedade, Lewin estudou as minorias sociais sempre dentro de um contexto psicossocial. Entendia que toda pesquisa em Psicologia Social deveria fazer referência ao contexto e ter uma abordagem interdisciplinar. A realidade social é multidimensional e, na mudança social, o pesquisador deve partir da compreensão, consentimento e participação dos grupos envolvidos. Dessa maneira, a mudança social envolve um compromisso tanto desses grupos quanto do próprio pesquisador. Daí nasce o conceito de pesquisa-ação, cuja base é o pequeno grupo (Lewin, 1988; Mailhiot, 1991).

Lewin considerava o grupo como um campo de forças, cuja dinâmica resulta da interação dos componentes em um campo (ou espaço) psicossocial. O grupo não é uma somatória de indivíduos e, portanto, não é o resultado apenas das psicologias individuais e, sim, um conjunto de relações, em constante movimento. Dessa maneira, o estudo dos pequenos grupos deve incluir duas grandes questões: (1) por que o grupo age da maneira como age? e (2) Por que a ação do grupo é estruturada da maneira como é estruturada? (Lewin, 1988; Mailhiot, 1991).

Como "campo de forças", os pequenos grupos têm uma estrutura e uma dinâmica. A estrutura diz respeito à sua forma de organização, a partir da identificação de seus membros. A dinâmica diz respeito às forças de coesão e dispersão no grupo, e que fazem com que ele se transforme. A dinâmica do grupo inclui, assim, os processos de formação de normas, comunicação, cooperação e competição, divisão de tarefas e distribuição de poder e liderança (Lewin, 1988; Mailhiot, 1991).

A mudança cultural só é possível se partir da base da sociedade, daí a importância dos pequenos grupos sociais. A ação dos indivíduos só pode ser compreendida, de um lado, dentro da dinâmica de seu campo social e, de outro, pela percepção social que esses indivíduos desenvolvem no interior mesmo desse campo social. A mudança cultural depende da interação entre fatores subjetivos e objetivos (Lewin, 1988; Mailhiot, 1991).

Além disso, a mudança cultural provoca atitudes de conformismo ou de não-conformismo e precisa de uma estratégia de comunicação e ação no campo social. Isso exige mudar: (a) as estruturas da situação social, (b) as estruturas das consciências que vivem nessa situação social e (c) os acontecimentos que surgem nessa situação social. Em outras palavras, é necessário criar novas formas de organização da comunicação, da liderança e do poder em sociedade (Lewin, 1988; Mailhiot, 1991).

Lewin usa o termo "adaptação social" no sentido não de um conformismo social mas sim no de que, ao se comprometer com as mudanças sociais, os indivíduos devem criar formas ativas de buscar seus objetivos sem romper os laços com a realidade coletiva ou campo social (Mailhiot, 1991).

De fato, para Lewin, a postura de uma aprendizagem social ativa e participativa se articulava a três idéias essenciais: (1) a importância do papel ativo do indivíduo na descoberta do conhecimento, (2) a importância de uma abordagem compreensiva na intervenção, que incluía aspectos cognitivos e afetivos, (3) a importância do campo social para constituir e transformar a percepção social e o processo mesmo de construção de conhecimento. Assim, a ação humana não é o resultado apenas de uma causa externa ou da consciência individual – mas é fruto de uma realidade dinâmica onde existe reciprocidade entre consciência e campo social – uma totalidade dinâmica. Os grupos são "campos sociais" onde as pessoas interagem. O grupo ajuda a constituir para o indivíduo o seu "espaço vital", sendo, ao mesmo tempo, influência, instrumento e contexto para a mudança social (Mailhiot, 1991).

O "pequeno grupo", ou "grupo de interação face a face", é constituído por um número restrito de pessoas unidas em torno de objetivos em comum, que se reconhecem como tal, isto é, que partilham entre si a existência de pelo menos um traço de identidade e, em alguma extensão, estão vinculadas pela interdependência de sua condição, projeto e/ou trajetória social. É clássica a distinção entre o "agrupamento", que é um mero conglomerado de indivíduos sem traço de união ou identidade entre si, e o "grupo" que se constitui como uma "rede de relações".

Na interação face a face, os sujeitos se apreendem mutuamente em um vivido partilhado, envolvidos em um processo de comunicação intersubjetivo, com linguagem verbal e não verbal, e estão inseridos em um esquema de ação em dado contexto sóciohistórico, o que implica que, em alguma medida, sem excluir os conflitos, partilham de valores, linguagem e práticas sociais. O participante do grupo é pensado desde sempre como um sujeito social em que formas de compreender o mundo e de se compreender no mundo são construídas em interação e comunicação social (Lewin, 1988; Mailhiot, 1991).

Como o grupo existe em um contexto social, sua análise deve contemplar sua dinâmica externa e interna, em inter-relação. A dinâmica externa do grupo é o resultado (a) das forças externas (institucionais, econômicas, etc) que sobre ele atuam e (b) da forma como o grupo reage a tais forças externas no sentido de receptividade, resistência ou passividade. A dinâmica interna dos grupos diz respeito à sua organização – regras, papéis, liderança e comunicação – bem como seu processo de mudança e resistência à mudança (Lewin, 1988; Mailhiot, 1991).

O trabalho com pequenos grupos visa a pelo menos um dos seguintes objetivos: (a) análise e compreensão pelos participantes do grupo da sua dinâmica interna e externa, referida ao contexto sócio-histórico, (b) experiência e análise de seus vínculos sociais e afetivos, das relações interpessoais, construídas e vividas através da comunicação e da linguagem, (c) compreensão e facilitação dos processos decisórios do grupo como um todo e de cada participante na dinâmica grupal (Lewin, 1988; Mailhiot, 1991).

Ao morrer, em 1947, Lewin não pôde concluir a experiência com grupos que havia iniciado no centro educacional de Bethel, e que envolvia o funcionamento integrado de duas dimensões de um grupo de trabalho: a discussão de seu funcionamento interno e o treinamento de suas habilidades. Seus seguidores, nos Estados Unidos, desmembraram essa abordagem, abandonaram o grupo de discussão e repensaram o de treinamento, dissociando a iniciação às técnicas de grupo da experiência de sensibilização para relações no grupo. O grupo de treinamento se desmembrou em Grupo de Habilidades (aprender a técnica de condução dos grupos) e T-Grupo (experiência do grupo), que recebeu maior atenção como instrumento de formação de coordenadores. Mas o T-Grupo já não reconhecia uma tarefa a realizar senão a própria experiência das relações humanas no grupo (Mailhiot, 1991).

OFICINAS EM DINÂMICA DE GRUPO

A contribuição de Lewin e sua concepção de integração das dimensões do grupo seriam retomadas em outros contextos, por outros autores, em especial por Foulkes (Foulkes, 1967) e Pichon-Rivière (Pichon-Rivière, 1998). Uma vez que se propõe a interligar as dimensões do grupo, nossa proposta de Oficina segue a proposta original da pesquisa-ação, na direção do grupo de trabalho (Bion, 1975) e do grupo operativo de Pichon-Rivière (1998), como veremos a seguir.

A abordagem psicodinâmica do grupo e a Oficina

Se o trabalho com as relações de liderança e poder é importante, também é importante perceber que, no grupo, essas relações estão vinculadas tanto a regras conscientemente estabelecidas quanto a motivações inconscientes. O processo de *reflexão* será ou não expandido para um processo de *elaboração*, dependendo de: (a) da produção pelo grupo de *insights* sobre a própria experiência a partir de sua reflexão, e (b) da articulação de sua reflexão aos conflitos e realizações vividos na rede grupal.

Dessa forma, a reflexão consciente, racional, desenvolvida no grupo, se articula com a emoção e os vínculos, com a experiência, e pode surtir efeitos de mudança. Mas, para que esta elaboração possa ocorrer precisa que o grupo seja constituído como uma rede de vínculos onde fenômenos de transferência psíquica estão presentes entre os membros, entre estes e a coordenação, entre o grupo e a coordenação.

Para compreender a vida emocional e inconsciente do grupo vamos recorrer à teoria psicodinâmica do grupo, por intermédio de Freud (1984), Bion (1975), Foulkes (1967) e Pichon-Rivière (1998).

A identificação e a identidade do grupo

O interesse de Freud pelos fenômenos sociais pode ser constatado não apenas em várias de suas obras mas, principalmente, pela grande importância que ele atribuiu ao "outro" na constituição do psiquismo do sujeito. Dois de seus livros foram especialmente marcantes para as bases de uma teoria do grupo: *Psicologia das massas e análise do eu* e *Totem e tabu* (Martins, 1986).

Freud atribui o desenvolvimento de um sentimento de grupo às primeiras experiências em família e sustenta que existem dois mecanismos psicológicos básicos à união de um grupo: a identificação e a sublimação (Martins, 1986).

A identificação é o núcleo dos mecanismos psicológicos que formam a identidade grupal. Os membros do grupo se identificam com um líder ou com um ideal, assumindo-o como ideal de ego. Essa vinculação com o líder ou ideal é que permite que os membros do grupo passem a perceber ou adotar uma identidade entre si, uma identidade grupal. Assim, o amor de si encontra seus limites no amor do outro. O outro (líder, grupo, ideal) é tomado como um ideal – no lugar de ideal do eu – e portanto existe aí um processo de sublimação (Freud, 1984; Martins, 1986).

Mas, sendo a identificação um processo ambivalente, o elo que une o grupo também carrega uma ambivalência. Deseja-se ao mesmo tempo estar com o outro e estar no lugar do outro, ser o outro. Essa ambivalência pode, então, ser fonte de tensão e dispersão no grupo, especialmente em situações onde a liderança fica enfraquecida ou ausente (Freud, 1984; Martins, 1986).

As formulações de Freud serão retomadas por Bion, Foulkes e Pichon-Rivière, cada qual com sua contribuição, preservando a importância dos conceitos de identificação, sublimação, ideal do eu, e da introjeção de normas e valores do grupo.

Bion e as hipóteses de base nos grupos restritos

Psiquiatra e psicanalista inglês, Bion trabalhou com grupos no período da II Guerra Mundial. Sua teoria sobre grupo é desenvolvida a partir das idéias de Freud, mas também reflete a influência de Melanie Klein (Silva, 1986; Roudinesco, 1998).

Bion parte do princípio de que o homem é um sujeito social e que a relação com o outro está sempre presente, ainda que de forma imaginária ou simbólica. O grupo funciona como uma unidade mesmo quando os seus membros não têm consciência disso. Em todo grupo existe uma "cultura grupal" que é o resultado da inter-relação entre os desejos de cada participante e os valores e normas do grupo – a mentalidade grupal (Bion, 1975; Silva, 1986).

Para Bion, todos os grupos funcionam em dois níveis: (1) o nível da tarefa, que implica objetivos e regras conscientes, e (2) o nível da valência, que compreende a esfera afetiva e inconsciente do grupo. O nível da tarefa é também designado como "grupo de trabalho" e o nível da valência como "grupo de suposição básica" ou de "hipóteses básicas". Essas suposições básicas são estruturas específicas de forma de funcionamento que o grupo adota para se defender de sua angústia e assim se preservar. Ou seja, sem elaborar a sua angústia, o grupo tudo faz para se afastar de sua tarefa. Eis porque a análise deve desvendar a dinâmica das suposições básicas no grupo (Bion, 1975; Silva, 1986).

Assim, a esfera afetiva tanto pode bloquear quanto facilitar a realização da tarefa e se organiza em torno de três "suposições básicas": (1) dependência: quando o grupo busca proteção no líder, defesa contra sua própria angústia através da atitude de dependência e atitude regressiva, (2) ataque e fuga: quando o grupo alterna movimentos de fuga e agressão, em relação ao coordenador ou aos seus próprios problemas, e (3) acasalamento (*pairing*): quando o grupo não consegue realizar suas ações mas se sente culpado e, assim, posterga sua atividade através da esperança em "algo" ou "alguém" que virá resolver a dificuldade do grupo. Nesse caso, o grupo nega os seus conflitos e dificuldades internas, racionalizando sobre eles (Bion, 1975; Silva, 1986).

A mudança de uma suposição básica para outra acontece de forma variada ao longo do processo do grupo. As suposições básicas são estados emocionais que evitam a frustração relacionada com o trabalho, sofrimento e contato com a realidade. Nenhum grupo se apresenta, portanto, apenas como grupo de suposição básica ou como grupo de trabalho e todo grupo precisa constantemente estar envolvido em seus processos internos de elaboração, negociação e produtividade (Bion, 1975; Neri, 1999).

É por meio desse processo contínuo que o grupo pode apresentar um "crescimento em O", isto é, a possibilidade de elaborar conflitos e fantasias está vinculada à realização do grupo como grupo de trabalho. Enquanto o grupo está dominado por uma das suposições básicas, paralisado em sua angústia, também a sua possibilidade de percepção e elaboração fica comprometida. A ilusão de coesão vem dar-lhe uma sensação de proteção contra a angústia. Mas também promove a despersonalização dos membros, atados que estão a uma estereotipia da regra do grupo, estereotipia que se manifesta também na fala do grupo (Neri, 1999).

Na medida em que é capaz de elaborar sua angústia e caminhar na realização de seus objetivos, o grupo pode incorporar essa experiência à compreensão que tem de si e de suas relações. Mas, como um grupo nunca deixa de existir nas suas duas dimensões (suposição básica e trabalho) o seu crescimento é um crescimento que também envolve essas duas dimensões (Bion, 1975; Silva, 1986; Neri, 1999).

Assim, Bion distingue entre a "transformação em K" – o K vem da palavra inglesa *knowledge* que significa conhecimento – e a "evolução em O" – a letra "O" vem de *ought to be*, que indica tornar-se. Enquanto o conhecimento acrescenta algo à esfera do pensamento, o tornar-se diz de uma transformação no modo de ser. O conhecimento é necessário à reflexão mas é a transformação do modo de ser que opera um crescimento na vida do grupo (Neri, 1999).

A "evolução em O" exige, além do conhecimento (K), que o grupo trabalhe suas suposições básicas, angústias, fantasias e defesas, incorporando e atualizando o conhecimento em seu processo grupal, a fim de transformar-se de maneira profunda. É dessa maneira que se torna possível ao grupo "aprender com a experiência". Ou seja, a aprendizagem não é uma consequência imediata e direta da experiência e sim uma construção, a partir da elaboração da experiência, tal como percebida no campo do grupo. Não é difícil enxergar, aí, a articulação necessária com o estudo da linguagem e da comunicação no processo do grupo (Neri, 1999).

Foulkes e a matriz de comunicação grupal

Foulkes foi um psiquiatra e psicanalista alemão, radicado na Inglaterra, onde desenvolveu trabalhos em "grupo análise". Procurou articular a teoria de campo, de Kurt Lewin, com a abordagem psicanalítica do grupo, especialmente o trabalho de Bion. Vemos, assim, que nossa argumentação prossegue revelando a existência de uma linha de trabalho na articulação da psicologia social e da psicanálise (Ribeiro, 1995; Foulkes, 1967).

Ele considerava que, no grupo, existia uma rede de elementos transferenciais dirigidos (1) de cada participante para o analista, (2) de cada participante para o grupo, (3) de cada participante para cada participante e (4) do grupo como um todo para o analista (Foulkes, 1967).

O processo grupal se dá no aqui e agora do grupo, entendendo-se com isso que tudo o que é trazido para o grupo, sejam experiências passadas dos participantes ou fatos relacionados ao mundo exterior, é apropriado de forma a se articular ao processo grupal e receber re-significação. Assim, o tempo presente do grupo congrega tantos acontecimentos passados quanto projetos que, atualizados na situação grupal, podem ser objeto de elaboração (Ribeiro, 1995; Foulkes, 1967)

O trabalho com o grupo visa tornar conscientes elementos que foram recalcados na rede e no processo grupal. Para tal, é preciso a análise das defesas inconscientes tanto do grupo quanto dos indivíduos no grupo. A "grupoanálise" de Foulkes centra-se no processo grupal, nas interações e em cada individuo tomado não de maneira isolada mas no contexto do grupo. Assim, a análise da rede de transferências, tal como descrita acima, é fundamental (Ribeiro, 1995).

No grupo, busca-se promover a interação, a comunicação, a palavra livre, a elaboração do sistema de valores, atitudes e relações que nele vigoram. O coordenador deve estar atento ao campo total da interação, ou seja à matriz na qual as reações inconscientes se operam e não *apenas* às colocações individuais. São observados os temas grupais, as formas de resistência, de comunicação, etc. O grupo deve assumir responsabilidade pelo seu processo (Ribeiro, 1995).

Entretanto, tal processo não se dá sem conflitos e angústias. No grupo, o conflito é inerente e pode ser entendido com base na tensão entre o interesse de cada um e o interesse do grupo. O grupo também vive processos conflitivos em relação à figura de autoridade, na medida em que precisa resolver seus problemas de poder e liderança. Nele, emergem, portanto, conflitos de dependência em relação ao coordenador, ansiedade e medo diante de seu funcionamento, sua mudança e tomadas de decisões (Foulkes, 1967).

Para Foulkes (1967), existem 3 fases comuns a todos os grupos:

1. Fase de tomada de posição e conscientização do seu processo: quando há grande transferência para com a figura do terapeuta como o salvador do grupo e, em seguida, a decepção nessa crença. É a fase dos primeiros movimentos de identificação e projeção, na qual tende a predominar a "conversa sociável", os

sentimentos de divisão, a conversa sobre problemas "práticos" e o silêncio.

2. Fase intermediária ou de integração: maior caracterização do sentimento de grupo, maior comunicação, interpretações mútuas, sentimentos de confiança. maior centralidade no grupo do que no terapeuta.

3. Fase final ou do encontro com a realidade: fim do grupo: ansiedade, sentimento de perda/luto ou sua elaboração.

O grupo é dinamizado pelas fantasias individuais inconscientes e coletivas, as ansiedades e defesas, que estão permanentemente presentes, modificando os propósitos lógicos e racionais da aprendizagem humana. Esses fenômenos surgem, organizam-se e funcionam mediante sucessivas identificações projetivas e introjetivas entre os participantes do grupo e o psicoterapeuta, emanando da história de cada um e entrelaçando-se no grupo (Ribeiro, 1995; Foulkes, 1967).

O grupo é o contexto onde se pode reconstruir e criar significados bem como revivenciar situações e relações traumáticas sob a luz das relações grupais. No grupo, é possível elaborar essas experiências, através da troca de informações, da produção de *insight*, da identificação, das reações em espelho e da rede transferencial. Quando elas acontecem, as interpretações, feitas sobretudo em momento de transferência positiva ou de vivência grupal profunda, visam esclarecer resistências, projeções e defesas mostrando sua importância no aqui e agora do grupo e de seus participantes (Ribeiro, 1995; Foulkes, 1967).

Levando adiante as pesquisas sobre a psicodinâmica do processo grupal, Foulkes (1967) introduziu o conceito de Matriz Grupal. Para ele, o grupo é uma matriz de experiências e processos interpessoais. A matriz do grupo é uma mentalidade grupal, englobando consciente e inconsciente. É constantemente realimentada pela rede de comunicação no grupo. Os processos vividos expressam os modos como os participantes percebem e traduzem a matriz grupal. É interessante assinalar que, apesar de expressar grande relação com o contexto cultural do qual o grupo faz parte, a matriz do pequeno grupo busca ser dinâmica e aberta para incentivar processos de mudança.

No grupo, existem fenômenos de "condensação", através da emergência súbita de um material profundo, provocado pela acumulação emocional de idéias associadas ao grupo e nem sempre com razões conscientemente percebidas. E, também, fenômenos de "associação em cadeia", quando o grupo sustenta uma livre associação em seu diálogo, produzindo material relevante. Os membros podem tanto ter reações conjuntas quanto subdivisões diante de uma mesma situação ou tema de conversa (Foulkes, 1967).

Para Foulkes (1967), o grupo analítico vive em tríplice nível de comunicação: consciente, onde há conexão entre consciência e representação através da linguagem; pré-consciente, quando há conteúdos subentendidos mas que "algo" impede de aflorar à consciência; e inconsciente, quando a comunicação conduz o grupo mas atuando fora da representação consciente. As dificuldades de comunicação no grupo podem resultar das variações na matriz de comunicação grupal e das questões emocionais e inconscientes. Assim, as principais áreas de interpretação são: os conteúdos da comunicação, o comportamento dos indivíduos e do grupo, as relações interpessoais, e a rede de transferências (Ribeiro, 1985).

Pichon-Rivière e o Grupo Operativo

Psiquiatra e psicanalista argentino Pichon-Rivière, começou a elaborar a teoria do "grupo operativo" na década de 1940, buscando articular as proposições teóricas da psicanálise freudiana e a teoria de campo de Kurt Lewin. Sua compreensão dos "medos básicos" no grupo e da forma de aprendizagem grupal relacionada à elaboração da experiência, em uma rede transferencial, o aproxima também de Bion.

Pichon-Rivière (1998) define o grupo como um conjunto de pessoas, ligadas no tempo e no espaço, articuladas por sua mútua representação interna, que se propõem explícita ou implicitamente a uma tarefa, interatuando para isto em uma rede de papéis, com o estabelecimento de vínculos entre si. Coerente com esta definição, sua teoria sobre o grupo dá grande importância aos vínculos sociais, que são a base para os processos de comunicação e aprendizagem, uma vez que o sujeito – como sujeito social – se constitui na relação com o outro.

O grupo se põe como uma rede de relações com base em (a) vínculos entre cada componente e o grupo como um todo e (b) vínculos interpessoais entre os participantes. O grupo se une em torno de uma "tarefa" consciente mas também pela dimensão do "afeto". Em todo grupo, existem dois níveis de atividade mental. Um é racional, lógico e conectado com a tarefa e outro é intensamente carregado de emoção e conectado com a dinâmica psíquica dos participantes – suas fantasias, medos e demandas (Pichon-Rivière, 1998; Berstein, 1986).

Assim, o grupo tem uma *tarefa externa*, delimitada pelos objetivos conscientes que assumiu, e uma *tarefa interna*, que significa a tarefa de trabalhar com todos os processos vividos pelo grupo, em nível consciente e inconsciente, racional e emocional, para que consiga se manter como grupo de trabalho e venha a realizar a tarefa externa (Portarrieu, 1986; Berstein, 1986; Pichon-Rivière, 1998).

Conforme nos explicam Portarrieu e Tubert-Oaklander (1986, p.138), o grupo operativo constitui uma modalidade de processo grupal que, em princípio, deve ser: dinâmico – permitindo-se o fluir da interação e da comunicação para fomentar o pensamento e a criatividade; reflexivo – uma parte da tarefa é a reflexão sobre o próprio processo grupal, particularmente quando se trata de compreender os fatores que obstruem a tarefa; e democrático quanto à tarefa – o grupo origina suas próprias ações e pensamentos, em um princípio de autonomia.

Todo grupo, ao formular os seus objetivos, se propõe a uma mudança ou realização. Mas também apresenta um grau menor ou maior de resistência a essa mudança. Diante dela, evidencia os medos básicos de perda e de ataque, isto é, de um lado, o medo de perder o que já se tem – inclusive a própria identidade – e que se relaciona a uma ansiedade depressiva e, de outro, o medo do desconhecido, que se liga a uma ansiedade paranóica ou persecutória. Tal resistência à mudança provoca entraves psíquicos e afetivos à aprendizagem e à comunicação no grupo. Inspirado no filósofo Gaston Bachelard, Pichon-Rivière dá a estes entraves o nome de "obstáculos epistemofílicos" (Berstein, 1986; Pichon-Rivière, 1998).

A identificação e a sublimação são, também para Pichon-Rivière, processos básicos do grupo, onde a identificação se apresenta "múltipla" ou "em rede". Os processos vividos no grupo geram uma ressonância nessa rede. Ou seja, o processo individual entra no campo grupal provocando identificações e reações em cadeia, conforme a distância psíquica entre os membros. Assim um membro serve de suporte para processos psíquicos de outros membros e do grupo (Berstein, 1986; Pichon-Rivière, 1998).

Consequentemente, o trabalho com o grupo visa à integração de duas dimensões: (1) a verticalidade, que se refere à história de cada participante, e que o leva a uma reatualização emocional no grupo e a um processo transferencial, e (2) a horizontalidade, que se refere ao "campo grupal", consciente e inconsciente, que vai sendo modificado pela ação e interação dos membros (Pichon-Rivière, 1998).

No grupo operativo, instrumentaliza-se um processo que passa fundamentalmente pela diminuição dos medos básicos, com o fortalecimento do Eu e uma adaptação ativa à realidade. Hierarquiza-se, como tarefa grupal, a construção de um ECRO – Esquema conceitual, referencial e operativo – comum, condição necessária à comunicação e realização da tarefa. A tarefa depende, portanto, do campo operativo do grupo: sua percepção, interação, linguagem (Portarrieu, 1986; Berstein, 1986; Pichon-Rivière, 1998).

Mas, se a realização da tarefa acrescenta experiência ao grupo, ela também o força a rever os seus conflitos e formas de organização, de forma que o processo grupal envolve uma constante desestruturação e reestruturação desse campo e dos sujeitos nele envolvidos (Pichon-Rivière, 1998).

No processo do grupo, há os momentos da pré-tarefa, tarefa e projeto. A *pré-tarefa* é o momento em que predominam mecanismos de dissociação, com finalidade de defesa dos sentimentos de culpa e ambivalência, da situação depressiva básica, dificuldades de tolerância, frustração e postergação. A *tarefa* é o momento em que se rompe a estereotipia e se elabora a pré-tarefa, avançando na elaboração de seu objetivo. Nesse momento, alcança-se maior operatividade e criatividade, podendo-se sistematizar objetivos e realizar tarefas propostas e/ou novas. No momento do *projeto*, uma vez alcançado um nível de operatividade, o grupo pode se planejar (Portarrieu, 1986; Berstein, 1986; Pichon-Rivière, 1998). Em seu "projeto", o grupo vai se tornando mais consciente e flexível quanto aos seus papéis, centrando-se no rompimento de estereótipos e modificação de vínculos internos e externos. Centra-se no campo grupal. Cada indivíduo ao se expressar é porta-voz de uma dimensão ou especificidade do campo grupal (Gayotto, 1998).

Esses momentos do grupo não seguem uma lógica linear e cumulativa. Pelo contrário, todo grupo apresenta ambivalências, regressão, dispersão diante da constante demanda de sustentar seu processo e refletir sobre ele. Isso implica que tenha de estar continuamente se reorganizando e se recriando. Ou seja, que proceda à revisão – em um sentido imaginário, à destruição – de seus ideais para que possa reconstruí-los dentro do contexto, procurando a realização da tarefa. Pichon-Rivière aponta então para uma "recriação do objeto destruído", isto é, a recuperação de uma imagem do grupo e dos seus objetivos, mas sempre de forma renovada (Berstein, 1986; Pichon-Rivière, 1998).

Pichon-Rivière apresenta a concepção de uma espiral dialética relativa aos momentos do grupo, ou seja, diante da situação grupal (o "existente"), uma "interpretação" é gerada e provoca uma des-estruturação e, a seguir, o grupo responde tentando se transformar para dar conta de seu processo, passando a uma reestruturação, em uma nova situação ("emergente"). Cada ciclo abrange e supera o anterior (Berstein, 1986; Gayotto, 1998; Pichon-Rivière, 1998).

A "espiral dialética" abrange o todo do processo grupal, como um movimento constante entre processos internos ao grupo, quais sejam: afiliação/pertença, comunicação, cooperação, tele, aprendizagem e pertinência.

A afiliação e pertença dizem respeito ao grau de identificação dos membros do grupo entre si e com a tarefa. Enquanto a afiliação indica apenas a aquiescência em pertencer ao grupo, a pertença envolve o sentimento de identificação, um "nós", com o grupo. A pertença possibilita a identidade mas também contém a diferenciação. A afiliação e pertença são básicos para o desenvolvimento dos outros processos no grupo.

A cooperação pressupõe ajuda mútua e se dá através do desempenho de diferentes papéis e funções. Na tentativa de articular demandas do grupo e dos indivíduos, muitas vezes, surge a competição. A flexibilização dos papéis é uma forma de se trabalhar esse problema, buscando a co-operatividade. Co-operar não significa não discordar ou confrontar mas sim atuar quando se é cúmplice (ou não ser cúmplice daquilo de que se discorda). Cooperação e comunicação interligam-se e favorecem a aprendizagem.

A comunicação é um processo que leva em conta as redes de comunicação no grupo, contendo possibilidades e entraves. Envolve também o conflito e a necessidade de se trabalhar sobre ele. É preciso elaborar o que se chama de "mal-entendido", e que está associado a conflitos diversos, tanto aqueles relacionados à organização do grupo quanto os concernentes a conflitos psíquicos.

A aprendizagem vai além da mera incorporação de informações e pressupõe o desenvolvimento da capacidade de criar alternativas – por meio dela percebe-se o grau de plasticidade grupal frente aos obstáculos e a criatividade para superar as contradições e mesmo integrá-las. Com a atenuação da ansiedade básica, o grupo pode operar melhor seus afetos e a tarefa. A aprendizagem está interrelacionada à comunicação e o grupo precisa compreender seus obstáculos à comunicação para analisar os obstáculos à aprendizagem. Ao mesmo tempo, é apenas na dimensão da tele, que o grupo consegue deslanchar todos os seus outros processos.

A tele caracteriza a disposição positiva ou negativa dos membros do grupo entre si. Refere-se às relações no grupo, tais como são percebidas e vividas. É uma disposição para atuar em conjunto e, assim, pode ser positiva ou negativa. As percepções entre os membros do grupo estão vinculadas aos processos transferenciais. Assim, a tele nos aparece como uma rede de transferências.

É importante assinalar que, para Pichon-Rivière (1998), o que se encontra no grupo não é uma "neurose transferencial" (própria da situação analítica individual) mas sim processos transferenciais em uma rede de relações. A transferência é um processo de atribuição de papéis ao outro, baseado expectativas inscritas na vida psíquica do sujeito. Comporta a reprodução de sentimentos inconscientes que indica a reprodução estereotipada de situações, característica de uma forma de adaptação passiva, onde o sujeito se vê atado a conflitos psíquicos não trabalhados. Essa reprodução tem o efeito de proteger contra o medo da mudança e portanto de fortalecer a resistência à mesma (Berstein, 1986; Pichon-Rivière, 1998).

A pertinência refere-se à produtividade do grupo, à sua capacidade de centrar-se em seus objetivos, de forma coerente com seus outros processos. A realização de objetivos dentro de um contexto requer uma pertinência do agir que se afasta tanto do conformismo quanto da ruptura total do contexto.

Esses processos do grupo não são estanques e nem lineares. Há um constante ir e vir entre os momentos. Para Pichon-Riviére (1998), são aspectos do processo grupal que interatuam.

No grupo operativo, a principal função do coordenador, após estabelecer um enfoque adequado para a operação do grupo, é a de ajudar, por meio de intervenções interpretativas, o grupo a realizar sua tarefa interna reflexiva, a fim de colocar-se em condições de desenvolver sua tarefa externa. A explicitação e interpretação dos fatores implícitos no acontecer grupal permitem aos membros tomar consciência e enfrentar obstáculos que, ao permanecerem inconscientes, teriam continuado a interferir com a realização da tarefa externa (Portarrieu e Tubert-Oaklander, 1986: 137).

Paulo Freire e os Círculos de Cultura

O que um educador teria a acrescentar a um processo de grupo? Uma concepção de aprendizagem dinâmica em que a motivação do educando e a relação da aprendizagem com a vida sejam fundamentais e em que essa dinâmica seja empreendida pela ação de um sujeito social, na já famosa citação: "ninguém educa ninguém, as pessoas se educam umas às outras, mediatizadas pelo mundo". Podemos entender, ainda, dentro da concepção de Pichon-Rivière, acima exposta, a unidade entre aprender e ensinar, dentro do campo operativo do grupo e a partir da sua rede de transferências (Pichon-Rivière, 1998; Instituto Pichon-Rivière, 1991; Freire, 1976 e 1980).

Iniciando seu trabalho de educação de adultos na década de 1950, no Brasil, Paulo Freire procurou formular um método de leitura que levasse não apenas ao aprendizado de uma habilidade formal (leitura) mas a uma compreensão crítica do sujeito sobre seu contexto (leitura do mundo) e de si próprio nesse contexto. Propôs então um método dialógico, baseado na linguagem e na cultura dos sujeitos que estavam aprendendo a ler e a escrever e que eram desde sempre possuidores de um saber por serem sujeitos de uma cultura. Assim, a assimetria de poder no aprendizado seria questionada pelo fato de que o saber não é algo que alguém dê a alguém, mas é produzido em interação dentro de um contexto (Freire, 1976 e 1980).

O enfoque dialógico e reflexivo sobre as condições de existência e a auto-organização do sujeito dentro dessas condições supõe uma dialética da autonomia e heteronomia do sujeito no contexto. Ou seja, a aprendizagem era uma realização de um sujeito da linguagem, em interação social. Conforme escreveu Freire,

> assim como não é possível linguagem sem pensamento e linguagem-pensamento sem o mundo a que se referem, a palavra humana é mais que um mero vocábulo – é palavração. Enquanto ato de conhecimento, a alfabetização que leva a sério o problema da linguagem deve ter como objeto também a ser desvelado as relações dos seres humanos com seu mundo. (Freire, 1976, p. 49)

Reunidos em grupo, no chamado "círculo de cultura", os alfabetizandos empreendiam uma tarefa de se educarem. Para tal, precisavam vencer uma série de obstáculos não apenas cognitivos mas também ideológicos, isto é, precisavam vencer a visão ingênua de seu estar no mundo, para problematizar esse mundo e poder expressá-lo em uma nova linguagem-compreensão (Freire, 1980).

O trabalho de alfabetização se dava, já em seu início, fundamentado no levantamento de formas linguísticas e de questões relevantes vinculadas à cultura e à vida dos educandos, em seus contextos. Era com base neste inventário que se construía toda uma sequência de apresentação da língua escrita e se confeccionava o material didático. Cada "aula" era também um encontro de reflexão sobre temas vinculados à vida dos educandos (Freire, 1980).

Cada encontro era organizado sobre um tema ou uma "palavra geradora", assim chamada porque codificava vários aspectos da cultura do educando, estimulando a sua leitura crítica. A seqüência do método era: apresentação da palavra geradora, decodificação da situação-problema, retorno à palavra-geradora, trabalho com as sílabas (ficha da descoberta), criação de novas palavras com o uso das sílabas, exercícios de escrita (Freire, 1980).

Assim, enquanto uma "habilidade" era adquirida, um mundo se abria para a leitura, em um processo "ativo, dialogal, crítico e criticizador". Simples no que dizia respeito aos recursos técnicos, o cerne do método centrava-se na possibilidade de sensibilizar e refletir em torno de situações existenciais do grupo: situações-problemas, cujo debate desafia o grupo à reflexão e aprendizagem (Freire, 1980).

É interessante notar que, para Freire, a aprendizagem só se realizava como processo de problematização do mundo e, assim, a arte de associar idéias era tão importante quanto a "arte de dissociar idéias", essencial para uma crítica das ideologias. Dissociar e associar são processos importantes para a percepção da lógica do nosso pensamento, e para que possamos nos repensar a partir dessa percepção ativa e crítica (Freire, 1976 e 1980). Existem, entre o grupo operativo de Pichon-Rivière e o círculo de cultura de Paulo Freire, afinidades ligadas especialmente a uma compreensão da aprendizagem como um processo dialógico, onde os processos de comunicação e seus entraves precisam ser objeto de análise. No caso de Freire, esta análise revela as concepções ideológicas que reproduzem o assujeitamento do educando. No caso de Pichon-Rivière, a análise inclui todos os elementos conscientes e inconscientes que perturbam, no grupo, a realização de seu projeto. Para ambos, o coordenador não pode se colocar como o detentor da verdade, mas sim como alguém que trabalha com o desejo do grupo e com os entraves à aprendizagem e à elaboração (Pichon-Rivière, 1998; Instituto Pichon-Rivière, 1991; Freire, 1976 e 1980).

Grupo e Contexto: a Vertente Institucional

Trabalhando com pequenos grupos, em seu contexto sócio-institucional, é preciso não perder de vista o impacto que as pressões e os atravessamentos institucionais trazem para a dinâmica interna do grupo.

Definindo a organização como um sistema cultural simbólico e imaginário, Enriquez (1997) aponta sete níveis (ou instâncias) que deveriam ser integrados em sua análise: a instância mítica, a social-histórica, a institucional, a organizacional, a grupal, a individual e a pulsional. Não podemos nos deter aqui na explicação detalhada desses níveis, mas podemos apontar a necessidade neles expressa de uma análise que articule processos sociais e intersubjetivos bem como o simbolismo e o imaginário social com a ação, interação e comunicação dos sujeitos sociais.

O caráter ambicioso dessa tarefa é visível e, assim, é preciso assumir recortes no campo social estudado, estabelecendo focos e, com base neles, reconstituindo o escopo da análise. Em outras palavras, a instância do grupo pode, em um trabalho de análise, se constituir no foco onde as outras instâncias se articulem. Nesse caso, as relações no grupo serão mais detalhadas e aprofundadas e suas relações com as outras instâncias abordadas.

Nessa perspectiva, conforme afirma Enriquez (1997), o pequeno grupo pode ser um lugar privilegiado para a compreensão de fenômenos coletivos. Combinando relações de produção e de afeto, o pequeno grupo oferece manifestações de organização, expressão, solidariedade, criatividade dos membros que remetem tanto ao contexto do grupo quanto ao contexto social. Para Enriquez (1997), na medida em que é portador de um projeto, o pequeno grupo é ao mesmo tempo analista e ator de sua ação e, portanto, da produção de sua consciência no contexto de sua ação.

Entendemos que a análise do processo grupal precisa articular a dinâmica das relações e dos elementos subjetivos ao contexto de onde emergem e às instituições que as conformam para se organizarem de uma forma particular. As idéias que um membro tem sobre o projeto do grupo estão correlacionadas a ideologias e discursos sociais e expressam os conflitos dessas ideologias e discursos tanto quanto da subjetividade do membro em questão. A este atravessamento das ideologias e práticas sociais no grupo podemos chamar de transversalidade.

Entretanto, reconhecer que a elaboração no grupo pode atingir o nível da ideologia e das instituições é apenas um pressuposto teórico geral que não nos ajuda a definir o âmbito das intervenções particulares. Em que medida uma Oficina com hipertensos visando a sua melhoria diante de um quadro de saúde deve estar respaldada em uma crítica ao sistema de saúde? Ou às concepções ideológicas sobre saúde e doença? Certamente, esta medida não pode ser dada de antemão pelo coordenador, pois é o grupo que a produz em seu processo. Mas, podemos dizer que diferentes focos de intervenção podem levar a diferentes produções, e isso é um produto do próprio grupo.

A rede de relações institucionais onde o grupo está inserido estabelece limites e possibilidades, faz pressões, tenta negociar, trata de desconhecer, boicota ou apoia. A coordenação do grupo deve estar atenta para esses movimentos. Mas, para o grupo, a crítica a essas transversalidades deve ser possibilidade e não obrigação. O caráter obrigatório de uma tarefa reflexiva assume um contorno autoritário, contrário ao objetivo de autonomia. Ou seja, o grupo é quem escolhe a sua tarefa, produz o seu processo e elabora os seus conflitos, produzindo também a sua consciência.

Uma vez que se reconhece a interligação dos níveis grupo, organização e instituição, a produção do grupo poderá transitar por esses níveis, sem a obrigatoriedade de produzir uma crítica total – totalizante, poderíamos insinuar – ou de chegar a uma verdade absoluta, isenta de toda e qualquer dimensão imaginária.

Pelo contrário, a elaboração do grupo pode alcançar o nível da instituição e da sociedade, procedendo a uma crítica ideológica, mas sempre sustenta um ponto de vista particular e jamais deixa de reconhecer o seu caráter local e imaginário. Assim, o que o grupo produz não é uma verdade absoluta mas uma forma de representar e recriar a sua identidade e suas relações com o seu contexto. É neste enfoque que trabalhamos com Oficinas.

Até aqui apresentamos uma síntese dos autores principais, cujas teorias nos serviram para a construção da metodologia de Oficinas em dinâmica de grupo. O Quadro 1 apresenta a relação desses autores e suas principais contribuições. Nos capítulos seguintes, vamos abordar o planejamento e a coordenação de Oficinas, com a incorporação de outras contribuições teóricas. De fato, a articulação teoria-prática na construção e condução da Oficina é indispensável para que esta não se veja esvaziada de sentido.

OFICINAS EM DINÂMICA DE GRUPO

QUADRO 1 – Referências teóricas da Oficina em Dinâmica de Grupo

Autores básicos para a metodologia de Oficinas de Dinâmica de Grupo e suas principais contribuições

Lewin
A Pesquisa-ação como forma de mudança cultural.
Campo grupal – linguagem, valores e práticas.
O grupo é matriz e campo de transformação.
Processos grupais: pertencimento, comunicação, cooperação/competição, normas, tarefas, liderança e poder.
Para produzir, o grupo precisa construir um processo democrático de liderança e comunicação.
Papel do coordenador: dinamização da comunicação no grupo e dos processos grupais associados.

Freud
A identificação e a sublimação como base do vínculo grupal, A identificação de cada um com o ideal do grupo.

Bion
Identificação entre participantes-grupo e participantes-participantes: grupo é rede de identificação e transferência.
O grupo é "grupo de trabalho" (objetivo consciente) e "grupo de suposição básica" (angústia inconsciente).
As dimensões consciente e inconsciente estão entrelaçadas no processo grupal.
Aprendizagem e desenvolvimento: aprendizagem depende da elaboração da angústia inconsciente.
A elaboração da angústia inconsciente é possível porque o grupo é rede de transferência.
Papel do coordenador: analisar defesas do grupo para funcionar como grupo de trabalho, dinamizar o grupo.

Foulkes
O grupo é matriz e campo de comunicação.
O grupo é rede de identificações e transferência.
Quatro dimensões da transferência: membro/membro, membro/coordenador, membro/grupo e grupo/coordenador.
As dimensões consciente e inconsciente estão entrelaçadas no processo grupal.
O grupo precisa lidar com sua angústia e elaborar suas relações para dar conta de seus objetivos.
Papel do coordenador: analisar as defesas do grupo, dinamizar os processos de comunicação.

Pichon-Rivière
O grupo é um "campo grupal" onde é preciso existir um ECRO (esquema conceitual, referencial, operativo).
O grupo tem objetivo de mudar e também resistência à mudança – medos associados ao vínculo: perda e agressão.
O grupo é rede de vínculos: membro/membro, membro/coordenador, membro/grupo, grupo/coordenador.
O grupo tem tarefa externa (objetivo consciente) e tarefa interna (trabalhar as angústias e defesas na rede grupal).
As dimensões consciente e inconsciente estão entrelaçadas no processo grupal.
É preciso trabalhar a tarefa interna para tornar possível a tarefa externa.
Horizontalidade e verticalidade: as histórias e o desejo dos participantes estão engajadas no processo grupal.
Processos grupais: pertencimento, comunicação, cooperação, tele, aprendizagem, pertinência.
Papel do coordenador: Analisar tarefa interna, dinamizar processos grupais e facilitar a realização da tarefa externa.

Freire
Círculo de cultura: aprender em grupo no contexto do grupo.
Aprendizagem, comunicação e autonomia – processos interrelacionados.
Aprendizagem e cultura – Aprender a ler é aprender a ler o mundo e a si mesmo no mundo. O papel do educador: agente cultural, diálogo, dinamização. As pessoas se ensinam umas às outras, mediatizadas pelo mundo.

Outras contribuições para a construção e condução da Oficina em Dinâmica de Grupo

Braier
Foco e enquadre em psicoterapia breve de orientação psicanalítica – aplicação na Oficina.

Winnicot
O lúdico na mediação sujeito-mundo: o lúdico como estrutura e como linguagem, interação e comunicação.
O lúdico como forma de lidar com a angústia do grupo.

Construindo a Oficina: Demanda, Foco, Enquadre e Flexibilidade

A Oficina deve ser um trabalho aceito pelo grupo, nunca imposto. Isto pode significar que o grupo, como um todo, encomende a intervenção ou que, diante da proposição da Oficina por um terceiro – como no caso de uma escola pública que propõe a Oficina aos pais – o grupo venha a aceitá-la e dela se apropriar. Muitos trabalhos realizados em instituições de saúde, educação ou em projetos sociais têm esse caráter. Nesse caso, a aceitação e apropriação da Oficina pelo grupo é fundamental. E a coordenação da Oficina tem um papel importante, já no primeiro contato com o grupo, de escuta e adequação da proposta ao grupo. Podemos apontar 4 momentos de preparação da Oficina: demanda, pré-análise, foco e enquadre, e planejamento flexível.

Demanda

A análise da demanda é um ponto complexo na psicologia social pois é conhecido o processo pelo qual os grupos e indivíduos fazem uma primeira "encomenda" ao profissional para, em seguida, ir definindo, com maior ou menor dificuldade, outras demandas implícitas ou inconscientes (Enriquez, 1997).

Ainda que a demanda do grupo se diferencie da proposta inicial, ao longo do processo, é preciso rever a sua vinculação com a proposta original e tentar definir o que continua justificando o trabalho. Isso significa que a Oficina vai se articular em torno de um contrato inicial, ainda que este venha a ser reformulado. Esse contrato inicial que define um foco de trabalho, os grupos-clientes, entre outras coisas, servirá de fio condutor para o processo.

Como instrumento de intervenção psicossocial, a Oficina precisa estar ligada a uma *demanda* de um grupo. Todavia, não se trata, aqui, da mesma concepção encontrada na atividade clínica privada, onde o profissional oferece um serviço e espera pela chegada dos clientes – embora ele também possa ser um caminho. Mas, falamos mais propriamente da existência de uma situação que envolve elementos sociais, culturais e subjetivos e que precisa ser trabalhada em um dado grupo social. Pensemos, por exemplo, nos serviços de saúde – os grupos de pacientes com necessidades específicas, como diabéticos, hipertensos e outros – ou nos serviços educacionais – os grupos de criatividade, de capacitação para o mercado de trabalho, de educação sexual, de orientação profissional, entre outros.

Ora, a "demanda" nem sempre aparece como um pedido explícito de realização de um grupo, até porque nem sempre as possibilidades de trabalho são conhecidas dos usuários. Assim, o profissional se vê diante de uma análise de "necessidades" (saúde, educação, etc) da população, que, às vezes, lhe dirige pedidos vagos ou restritos dentro de uma organização social já conhecida e cristalizada – por exemplo, os pacientes podem pedir mais remédios, os pais de alunos podem pedir mais medidas disciplinares, etc., etc.

Embora nem sempre se possa trabalhar com o ideal de uma demanda formulada pelo próprio grupo atendido, é preciso que necessidades tenham tido alguma forma de expressão e possam ser traduzidas da forma próxima à realidade do grupo social em questão. O profissional precisa ter, dessa "necessidade", uma escuta articulada ao contexto sociocultural, para poder nomeá-la como "demanda", a partir de um diálogo com o grupo atendido, na medida em que procura construir, com esse grupo, uma proposta da Oficina.

Como nas experiências relatadas neste livro, a Oficina pode ser proposta pelo profissional a partir de uma "escuta" e interpretação da demanda do grupo social – alfabetização, reflexão sobre a paternidade/maternidade, lazer, etc. A participação voluntária e a expressão do desejo dos participantes deverão ser respeitadas, para que o grupo venha a trabalhar sua demanda e a se apropriar de seu trabalho.

Pré-análise

A identificação de uma demanda está associada a uma *pré-análise* da questão a ser abordada. A pré-análise inclui um levantamento de dados e aspectos importantes dessa questão, que poderão ser relevantes para o trabalho na Oficina. Essa questão tem uma existência psicossocial que já oferece vários ângulos e tópicos de abordagem. Além disso, é preciso saber se a instituição ou comunidade aceitará a realização da Oficina e fazer os arranjos necessários.

Na pré-análise, o coordenador deve inteirar-se da problemática a ser discutida, refletir, estudar, coletar dados e informações. É importante ter uma análise psicossocial da problemática enfocada, que oriente na escolha dos subtemas e focos de discussão. Quais são as principais informações a serem trabalhadas? Que aspectos emocionais e relacionais o tema parece levantar? Como terá sido a experiência dos participantes em relação a essa questão?

Essa reflexão inicial não intenciona criar um "programa" rígido para o grupo e sim qualificar o coordenador para o seu encontro com o grupo e desenvolvimento do trabalho. A pré-análise possibilita, a partir do tema escolhido, o levantamento de "temas-geradores", que poderão ser abordados no grupo, sempre respeitando e consultando os participantes.

Por exemplo, nos grupos de pais de adolescentes, pudemos antecipar que os pais estariam interessados em discutir sobre sexualidade, disciplina e abuso de drogas. Isso não foi fruto de uma mera opinião ou interesse próprio das coordenadoras e sim de um estudo sobre questões relativas à família e à relação pais e filhos na atualidade. Por serem sujeitos psicossociais, os participantes da Oficina estarão vinculados a esse contexto cotidiano. Além disso, podem trazer temas que não foram pensados na pré-análise.

Foco e Enquadre

O tema geral da Oficina é o *"foco"* em torno do qual o trabalho será deslanchado (ver Braier, 1986). Em torno desse "foco" – por exemplo, a relação com filhos adolescentes – surgirão, na pré-análise, "temas-geradores" que ajudarão a compor o trabalho. Cada tema-gerador pode ser trabalhado em um encontro ou em vários encontros, dependendo do número de encontros propostos e do interesse do grupo.

É essencial que os temas-geradores tenham relação com o cotidiano do grupo e que não sejam apresentados de forma intelectualizada, em uma linguagem estranha ao grupo. Por exemplo, em vez de "desenvolvimento psicossexual na adolescência" se propõe "a sexualidade na adolescência". Na medida em que o grupo ajuda a compor esses sub-temas essa designação fica facilitada.

OFICINAS EM DINÂMICA DE GRUPO

Os temas-geradores, a exemplo das palavras-geradoras de Paulo Freire (1980), mobilizam o grupo porque se relacionam à sua experiência, tocam nos conflitos e nas possibilidades, aguçam o desejo de participação e troca.

Porém, como a Oficina é usualmente realizada dentro de prazos dados, é preciso também conversar sobre o seu enquadre. O *"enquadre"* diz respeito ao número e tipo de participantes, o contexto institucional, o local, os recursos disponíveis, o número de encontros. Ou seja, é preciso preparar uma *estrutura* para o trabalho. Trata-se de uma Oficina em educação sexual? Em orientação vocacional? Em saúde na terceira idade? Será desenvolvida em um centro de saúde? Em uma escola? Quais são as características dos participantes em termos de idade, sexo, nível de escolaridade, etc.? O enquadre deve ser pensado em termos de facilitar a expressão livre dos participantes, a troca de experiências, a relação com o coordenador, a privacidade dos encontros e o espaço e tempo para levar uma reflexão sobre o tema, bem como... os limites institucionais para a proposta de trabalho. Nesse caso, é bom lembrar que o trabalho pode ser desenvolvido em módulos, fases, etc. (ver Braier, 1986).

Para melhor compreender a possibilidade de se deslanchar um processo de reflexão e elaboração em um grupo estruturado, com um enquadre dado, é importante introduzir uma reflexão sobre a natureza da Oficina.

Como método de intervenção psicossocial, a Oficina busca suas bases na teoria dos grupos em um contexto sociocultural. Ela não é um grupo de psicoterapia e nem um grupo de ensino. Na esteira do "grupo operativo" e do "círculo de cultura", a Oficina pretende realizar um trabalho de elaboração sobre a interrelação entre cultura e subjetividade.

Como intervenção psicossocial, a Oficina tem uma dimensão ou *potencialidade terapêutica*, na medida em que facilita o *insight* e a elaboração sobre questões subjetivas, interpessoais e sociais. Também tem uma dimensão ou *potencialidade pedagógica*, na medida em que deslancha um processo de aprendizagem, a partir da reflexão sobre a experiência. Possibilita uma elaboração do conhecimento desenvolvido sobre o mundo e do sujeito no mundo, portanto, sobre si mesmo.

Situando essa afirmação dentro de nossa fundamentação teórica, podemos esclarecer que o que chamamos de elaboração na Oficina corresponde ao conceito de aprendizagem no grupo operativo, à leitura do mundo em Freire e ao desenvolvimento em K, e crescimento em O, de Bion (Bion, 1975; Neri, 1999).

A particularidade da Oficina é que ela é realizada em um contexto sócio-institucional com enquadre definido e provavelmente um prazo de realização. Assim, nela, as dimensões terapêutica e pedagógica estão relacionadas à estrutura, ao espaço e ao tempo da intervenção e, ainda, ao "foco" de intervenção.

Tomando a Oficina como um tipo de Grupo Operativo, podemos compreender que nela haverá uma tarefa externa e uma tarefa interna. Na Oficina, a tarefa externa se constitui no foco, ou tema, que define o eixo do trabalho. O enquadre adotado ao mesmo tempo permite e limita esse trabalho. É justamente essa dependência pragmática de um contexto e de um planejamento local que exige que o enquadre da Oficina seja substancialmente correlacionado ao foco de trabalho. O coordenador e o grupo precisam estar sempre atentos a esse foco para trabalhar a relação entre "tarefa interna" e "tarefa externa", nas possibilidades e limites do contexto (ver Pichon-Rivière, 1998).

É possível, então, propor a adpatação de alguns princípios e métodos da psicoterapia breve para compreender e manejar os processos grupais na Oficina. Braier (1986) nos explica que a abordagem psicodinâmica busca tornar consciente elementos inconscientes, a reestruturação da personalidade, a elaboração dos conflitos básicos, etc. Entretanto, na psicoterapia breve, um foco circunscreve limites para o trabalho, sendo que se busca maior consciência em torno de problemas, *insight* sobre os conflitos psíquicos, elevação da auto-estima e melhoria sintomática.

Para Braier (1986) o fato de que a temporalidade e o enquadre terapêutico sejam modificados, na psicoterapia breve, causa um desencorajemto do aparecimento de fantasias regressivas e favorece uma estrutura de princípio, meio e fim para o processo. Embora Braier esteja se referindo à psicoterapia breve individual, assumimos que o mesmo pode ser afirmado para grupos.

Assim, na Oficina, a circunscrição de tempo e a definição de foco evitam excessiva mobilização afetiva e fortalecem a relação com o coordenador. A temática escolhida, com base numa demanda, também focaliza para o grupo aqueles conflitos e investimentos afetivos associados à temática. O trabalho do coordenador deve ser sensível a essa dinâmica mas restrito quanto à interpretação, para não levantar conflitos de forma indiscriminada na estrutura defensiva dos participantes e do grupo. Nessa perspectiva, o trabalho com as representações sociais, com a reflexão e o *insight* se interligam à narrativa que os participantes fazem de sua experiência. Sujeito social e sujeito psíquico são vistos como dimensões presentes no mesmo processo (ver Pichon-Rivière, 1998).

O trabalho com um foco certamente encontra limites mas, também, pode gerar mudanças dinâmicas que venham a alcançar os objetivos propostos e trazer, para o grupo, uma diminuição de angústia e melhor *insight* sobre a temática abordada (Braier, 1986). Pode acontecer a elaboração de alguns conflitos na rede transferencial do grupo. Representações sociais e formas de compreender as relações sociais são foco de reflexão e mesmo de transformação.

Para Braier (1986), na psicoterapia breve, estimula-se o *insight* circunscrito ao foco terapêutico, para que se possam obter mudanças dinâmicas. Quanto ao seu tipo e profundidade, o *insight* está mais dirigido para as relações do sujeito com os objetos externos de sua vida cotidiana e atual, ainda que fenômenos transferenciais ou de revivência possam acontecer, de forma limitada.

Quanto à sua natureza, o *insight* possui uma conotação mais cognitiva do que afetiva, levando o analisando mais à compreensão do que à revivescência. Ainda assim, não se trata de um mero *insight* intelectual – que seria uma nova forma de resistência – pois guarda uma relação com os componentes afetivos (Braier, 1986).

De fato, há o risco de se estimular condutas meramente adaptativas ou de gerar, em torno do foco de reflexão, mais uma produção intelectualizada do que uma elaboração (Braier, 1986). O respeito ao processo grupal, o manejo da rede de transferência e a facilitação da comunicação no grupo são elementos que minimizam tais riscos. Nesse sentido, o coordenador deve sempre recusar a postura de quem detem o saber, assumindo o lugar de dinamizador e facilitador do processo grupal.

Planejamento Flexível

Em um quarto momento, o coordenador se coloca a questão se e como deverá planejar cada encontro. Pode ser que a instituição exija esse planejamento. Pode ser que não. De qualquer forma, as opções que se colocam são: planejar a Oficina como um todo, detalhando cada encontro previamente, ou planejar passo passo, isto é, à medida que os encontros forem acontecendo? O planejamento global nos dá a possibilidade de uma visão mais inteira do trabalho mas carrega maior risco de rigidez enquanto que o planejamento passo a passo pode ser mais flexível mas gerar uma visão fragmentada. Cada coordenador deve escolher junto ao grupo – e no contexto institucional – que caminho tomar.

O planejamento de cada encontro resulta do desdobramento do foco ou tema geral e está relacionado à discussão dos temas-geradores. Trata-se de um planejamento flexível, isto é, o coordenador se prepara para a ação, antecipa temas e estratégias, como forma de se qualificar para a condução da Oficina. Entretanto, precisa estar ciente e preparado para acompanhar o grupo em seu processo o que pode, e provavelmente vai, significar mudanças no planejamento inicial. Por isso dizemos que é um *planejamento flexível*.

De fato, desde o primeiro encontro com o grupo, o coordenador já começa o trabalho de rever o seu planejamento, pela da escuta cuidadosa dos interesses do grupo que agora se faz um parceiro real. Daí começa o segundo passo, que é caracterizado pelo processo mesmo da Oficina.

Nesse momento, é importante definir com o grupo o seu "contrato". Porque resolveram participar? Quais são as combinações necessárias para serem feitas quanto a horário, local, etc.? É preciso esclarecer a regra do sigilo (o que é falado no grupo não pode ser comentado fora do grupo sem a permissão deste), a da palavra livre (todos podem se expressar), e outros aspectos que se colocarem como relevantes.

O número e duração de encontros dependerá da proposta global. Porém, é interessante que cada encontro seja estruturado em pelo menos três momentos básicos:

a) um momento inicial que prepara o grupo para o trabalho do dia, seja por meio de um "relaxamento" e/ou de um "aquecimento", feito através de atividades, brincadeiras, ou mesmo de uma conversa que atualize, para o grupo, a proposta do dia. Leva-se em torno de 10 minutos nesse momento.
b) um momento intermediário em que o grupo se envolve em atividades variadas que facilitem a sua reflexão e elaboração

do tema trabalhado. Este momento pode ser dividido em quatro momentos interligados de forma flexível: (I) o recurso a técnicas lúdicas, de sensibilização, motivação, reflexão e comunicação e (II) a intervenção necessária da "palavra", conversando e refletindo sobre os sentimentos e idéias do grupo sobre as situações experimentadas nesse dia, (III) a expansão dessas situações para se pensar situações similares do cotidiano que têm relação com o tema enfocado e (IV) exposição e análise de informações sobre o tema, comparando-as com as experiências dos participantes, para mútuo esclarecimento.

c) um momento de sistematização e avaliação do trabalho do dia. Permite que o grupo visualize melhor a sua produção como "grupo de trabalho", acompanhando o desenvolvimento de sua reflexão e o crescimento de seu processo, ao longo da Oficina e ajudando a tomar decisões sobre os encontros seguintes.

Esse planejamento é útil para o coordenador, desde que seja visto como referência e não como obrigatoriedade. Se o coordenador conhece o fio condutor da sessão e conta com algumas possibilidades de técnicas, pode adquirir maior flexibilidade no momento mesmo em que está conduzindo a Oficina.

Em nosso trabalho, as coordenadoras de grupo tinham liberdade para propor mudanças no planejamento, conforme percebiam que elas seriam importantes para o grupo, tanto durante a sessão de supervisão quanto durante os encontros. Respeitávamos suas opiniões e posição como coordenadoras – isso é importante não apenas do ponto de vista pedagógico como também do ponto de vista de sua legitimidade diante dos grupos.

Em cada encontro, é importante que o coordenador procure pensar sobre as dimensões pedagógicas e terapêuticas envolvidas, reflita sobre as técnicas escolhidas, facilite a troca de experiências e a comunicação entre os participantes. O caminho metodológico segue uma seqüência que se inicia na sensibilização e busca a elaboração. Esses e outros aspectos serão discutidos no item de condução do processo de Oficina.

Mas, antes de passar ao próximo item, tomemos como exemplo nosso trabalho com grupos de pais. O foco/tema era "a relação com os filhos adolescentes". Existe aí uma infinidade de subtemas. Quais escolher e como abordá-los? Partindo de uma série de leituras sobre a família e a adolescência na sociedade atual (pré-análise), definimos alguns tópicos que pudessem ser de interesse dos pais: sexualidade, limites e autoridade, abuso de drogas, adolescência ontem e hoje, entre outros.

A partir de uma palestra inicial, durante a qual fichas de adesão foram distribuídas, foram formados os grupos. Planejamos um total de oito encontros, com duas horas cada, de periodicidade semanal, nos horários escolhidos pelos pais.

Resolvemos que o planejamento dos encontros seria feito junto com os pais. Cada dupla de estagiárias reuniu-se com seu grupo e organizou um primeiro encontro no qual os temas de interesse foram levantados. É importante dizer que houve uma grande coincidência entre os temas propostos pelos pais e aqueles que já havíamos pensado, o que indicava uma boa pré-análise do tema.

Em nossas reuniões semanais de supervisão, íamos planejando as sessões de cada grupo, sempre acompanhando os temas de interesse colocados no primeiro dia e as mudanças que iam acontecendo em cada grupo, mas também sempre respeitando a temática central do trabalho, que funcionava como um fio condutor. Os quadros 2, 3 mostram, respectivamente, os participantes de um dos grupos e a seqüência de temas abordados. Os quadros 4 e 5 mostram a descrição do segundo encontro e o mesmo encontro em uma ficha de planejamento/realização.

QUADRO 2 – Dados sobre os participantes do grupo

PARTICIPANTES				
Sexo	Instrução	Profissão	Total de filhos	Renda familiar (em sals. mín)
Homem	2º grau	Funcionário público	4	de 6 a 12
Mulher	3º grau	Professora	2	Mais de 20
Mulher	3º grau	Funcionária pública	2	Mais de 20
Mulher	3º grau	Professora aposentada	2	de 6 a 12
Mulher	2º grau	Do lar	1	de 6 a 12
Mulher	7ª série	Do lar	3	de 6 a 12
Homem	2º grau	Almoxarifado	3	de 6 a 12
Mulher	3º grau	Agente de viagem	2	de 6 a 12
Homem	2º grau	Corretor de imóveis	2	de 6 a 12

QUADRO 3 – Seqüência dos encontros do grupo

ENCONTRO	TEMA	PARTICIPANTES	DURAÇÃO
Primeiro	Expectativas e apresentação da proposta	6	2:00 hs
Segundo	Minha história	6	2:00 hs
Terceiro	Cotidiano	6	2:00 hs
Quarto	Uma situação do cotidiano	5	2:00 hs
Quinto	Que pai/mãe sou?	4	1:45 hs
Sexto	Comunicação e conflito de gerações	5	1:25 hs
Sétimo	Avaliação e encerramento	5	1:20 hs

QUADRO 4 – Ficha de planejamento/Realização de encontro

Programação do Encontro Nº: 02	Grupo:	Data:
Coordenadores: Cássia e Úrsula		
Temática trabalhada: Minha história (relacionar adolescência na geração dos pais e dos filhos)		
Objetivos	Técnicas	Pontos enfatizados na discussão
Descontrair, criar um clima de trabalho.	Tic-tac-tac-bú	
Facilitar para que os participantes falassem de sua história, especialmente da adolescência.	Se eu fosse um livro	A relação com os próprios pais, os limites existentes na época, os valores, a relação atual com os filhos. Não foi feito. Mas a reflexão já estava iniciada. Combinamos de trazer para o próximo encontro.
Refletir sobre o cotidiano, hoje.	Relógio do cotidiano	
Entrelaçar experiências e informações	Palestra interativa	Dados atuais sobre adolescência e família. O grupo avaliou bem o encontro.

QUADRO 5 – Relato de um encontro

SEGUNDO ENCONTRO – MINHA HISTÓRIA

O grupo se propôs a uma nova apresentação, devido à entrada de mais dois membros. Relataram o primeiro encontro, enfatizando o contrato. Realizamos o "tic-tic-tac-bú" para promover a integração e descontrair. No princípio, ficaram retraídos, dizendo não ter boa coordenação motora. Entretanto, a técnica alcançou seus objetivos: aqueceu e integrou o grupo, provocando risos.

Após, usamos a técnica "se eu fosse um livro" com a intenção de conhecer melhor as pessoas, permitindo a cada um contar sua história de forma metafórica e livre. Muitos começaram sua história pela infância, descrevendo a educação recebida dos pais e sua relação com eles. Chegaram aos dias atuais relatando experiências e ressaltando a mudança de lugar ocorrida: eram filhos e agora são pais. Disseram como é o dia-a-dia, o ritmo do trabalho, pouco tempo com os filhos e para lazer.

Tínhamos planejado realizar o "relógio do cotidiano", mas em vista do tempo, sugerimos que o grupo fizesse essa atividade em casa e trouxesse o "relógio" para o próximo encontro.

Seguimos com a "palestra interativa", *com o tema "*A família, hoje*"*, na qual enfatizamos as novas formas familiares, o cotidiano, o relacionamento do casal, a paternidade e a maternidade contemporânea e a adolescência. Os participante ofereceram depoimentos e observações, articulando as informações com suas vidas. Íamos auxiliando a discussão com conceitos e dados de pesquisas sobre o tema.

Ao contar suas histórias, as pessoas recordaram suas experiências como adolescentes e refletiram sobre seu papel de pais e mães, o que as aflige nessa mudança de lugar, em uma época em que a família mudou tanto. Destacaram a diferença de sua socialização, *"pois as coisas mudaram muito"*. Justificaram as mudanças com os seguintes depoimentos: *"hoje as mulheres trabalham fora, você é que escolhe o marido, os filhos correm mais riscos nas ruas por causa da violência, recebem influências constantes da televisão e dos colegas da escola, e tudo isso traz insegurança aos pais que não sabem se estão agindo corretamente e se perguntam como educar e colocar limites"* .

O grupo mostrou independência e produtividade na discussão do tema. Prestavam atenção uns aos outros e mostraram facilidade de expressão. Alguns tentaram monopolizar a fala. Nesse momento, a coordenação interviu, com perguntas dirigidas, buscando a participação para todos.

Conduzindo a Oficina

Como foi discutido, a condução da Oficina encontra referências na teoria dos pequenos grupos. Nesse capítulo, a partir da consideração do enquadre da Oficina, vamos abordar, especialmente, os itens (1) papel do coordenador, (2) fases e processos grupais, (3) processos intersubjetivos no grupo e (4) a técnica como linguagem. Aqui, além das contribuições teóricas de outros autores, incorporamos nossas próprias produções a partir das Oficinas realizadas em nossas pesquisas.

A Coordenação da Oficina

Vimos que nas abordagens apresentadas – pesquisa-ação, grupo operativo e círculo de cultura – o coordenador não pode assumir o lugar de quem detém a verdade ou de quem decide pelo grupo. O coordenador busca, ao contrário, facilitar para o grupo a realização de sua tarefa interna para que o grupo possa realizar os seus objetivos, tarefa externa. Para tal, precisa estar atento para as dimensões consciente e inconsciente do grupo, procurando suas inter-relações (Lewin, 1988; Pichon-Rivière, 1998; Freire, 1980).

O coordenador terá um papel ativo, mas não intrusivo. Pode propor, mas não impor, uma condução. A regra da atenção flutuante é essencial para o coordenador do grupo, ou seja, ele deve manter-se atento aos diferentes níveis e processos do grupo, abrangendo o grupo como um todo, as relações interpessoais e cada participante.

O coordenador, nesse sentido, tem um papel importante de acolhimento e incentivo ao grupo para que se constitua como grupo, buscando a sua identidade. Em um primeiro momento, o grupo pode necessitar defender o seu imaginário de coesão e união, e o coordenador, sem colaborar com essa fantasia, tampouco a afronta, deixando que o grupo se constitua como rede de relações onde esse imaginário venha a ser trabalhado pelo próprio grupo (Ribeiro, 1995; Foulkes, 1967).

O coordenador estará atento para as manifestações de angústia no grupo – a excessiva dispersão ou coesão, a disputa pela liderança, a escolha de bodes-expiatórios, as dificuldades de expressão e comunicação, a "bagunça" – buscando facilitar a sua compreensão de forma que o grupo sirva de continente para a angústia, possibilidade de controle e trabalho sobre ela (Ribeiro, 1995; Foulkes, 1967).

Assim, o coordenador atua como incentivador. Ajuda a sistematizar conteúdos e processos emergentes para refleti-los com o grupo. Sugere significados para ações e interações. Pode fazer perguntas, usar a "devolução em espelho", sugerir atividades, fazer interpretações, etc. Pode, inclusive, trazer material informativo, sempre respeitando a demanda do grupo, o contrato feito com este e o fato de que o conhecimento resultante é uma construção com o grupo (Ribeiro, 1995; Foulkes, 1967).

Baseando-nos na concepção de aprendizagem e elaboração do grupo operativo e nas concepções de desenvolvimento em K e crescimento em O, de Bion, entendemos que a Oficina tem uma dimensão ou potencialidade pedagógica e uma dimensão ou potencialidade terapêutica. O coordenador estará atento para ambas as dimensões (Bion, 1975; Neri, 1999).

Pedagógica é a dimensão que incentiva o processo de aprendizagem do grupo, a partir de sua experiência e de acordo com a sua demanda. Terapêutica é aquela dimensão que sustenta um processo de elaboração, a partir da análise das relações no grupo, dos *insights* e reflexão.

Em relação à rede de transferências – e, em especial, à sua relação com o grupo – o coordenador pode interpretar sempre pensando que a boa interpretação é aquela que pode ser "ouvida" e entendida pelos participantes. Caso contrário, ela não lhes serve para nada. Além disso, em se tratando de grupos operativos e Oficinas, a interpretação deve sempre estar situada no âmbito delimitado pela tarefa interna e tarefa externa do grupo.

Vielmo (1998) nos lembra que as manifestações transferenciais/contratransferenciais acontecem em qualquer relação quer seja interpessoal quer seja grupal, terapêutica ou não. Entretanto, deve haver diferenças na forma como o coordenador compreende e maneja as manifestações transferenciais no campo terapêutico e não-terapêutico. Assim, enquanto no grupo terapêutico, o coordenador focalizará as manifestações transferenciais como principal ponto de apoio, nos grupos operativos não-terapêuticos, por exemplo, de ensino-aprendizagem, o coordenador do grupo somente as trabalhará se elas estiverem se constituindo em um entrave à tarefa grupal. Entretanto, as relações transferenciais precisam ser compreendidas, para que o coordenador facilite o processo grupal através de intervenções adequadas.

Referendando-se em Freud, Vielmo (1998) nos explica a transferência como uma manifestação freqüente e regular, que supõe o comprometimento de duas instâncias temporais: passado e presente. No passado, está implicada a rejeição de um desejo. No presente e na relação com o terapeuta, no aqui-agora, é despertado o mesmo afeto que originariamente forçou o paciente a exilar o desejo. Esta emergência determina o apelo a técnicas defensivas como podem ser a projeção, o controle onipotente, a negação etc. No grupo, a rede de relações sustenta também fantasias inconscientes propiciando a formação da rede de transferências.

A contratransferência do coordenador do grupo também existe e pode ser entendida como o sentimento do terapeuta a partir das identificações projetivas que o cliente – bem como o grupo – nele deposita. Ou seja, aquilo que o terapeuta sente é o que o cliente faz sentir, porquanto são sentimentos do mundo interno do cliente (Vielmo, 1998). Citando Zimerman, Vielmo (1998) nos lembra que, no campo grupal, "há transferência em tudo, mas nem tudo é transferência a ser trabalhada".

Assim, o coordenador está atento aos fenômenos transferenciais e contratransferenciais, mas trata deles apenas na relação com o foco ou tarefa do grupo, isto é, aborda esses processos na interação grupal levando em conta a relação grupo-tarefa.

O coordenador deve, ainda, estar atento às fases e processos do grupo pois, no enquadre da Oficina, eles assumem especial relevância. Pode, dentro dessa visão, propor técnicas de animação e reflexão, procurando sempre adequá-las em conteúdo e forma ao processo vivido pelo grupo.

Fases do Processo Grupal

Tomando as fases do grupo como descritas por Foulkes (Ribeiro, 1985), podemos apontar que a Oficina segue três momentos básicos: formação de sentimento e identidade de grupo; surgimento de diferenças e construção de condições de produtividade do grupo; e fim de grupo. O coordenador precisa estar atento a esses movimentos para caminhar com o grupo, acolhendo quando necessário, mas também incentivando, mobilizando, refletindo e interpretando.

Entretanto, é preciso dizer que esses três momentos não seguem uma sequência rígida. Cada grupo passa por eles de maneira própria e, em um mesmo grupo, pode haver movimentos de avanços e regressão. Em vários momentos, o grupo pode ter que voltar a elaborar seu sentimento de identidade e suas identificações, ou a lidar com suas diferenças, a elaborar seus lutos, em ciclos próprios. O coordenador atento perceberá o movimento do grupo em torno desses momentos.

O coordenador deve se lembrar que também a Oficina é atravessada pelas "fases do grupo". Assim, a sequência de temas começa dos mais "fáceis" – ou seja, os que levantem menor resistência – esperando-se maior profundidade à medida em que o grupo desenvolve relações de confiança. Na escolha de procedimentos, podem-se privilegiar as técnicas lúdicas de entrosamento no início do grupo, para então se começarem a usar técnicas interativas e reflexivas.

Formação de Sentimento e Identidade de Grupo

Esse momento está relacionado aos processos de afiliação e pertencimento, no grupo operativo. O grupo deve aceitar o desafio de deixar de ser um "agrupamento" para construir a sua rede de identificações e definir melhor seus objetivos. Há uma forte tendência para desconhecer as diferenças entre os membros, o que é uma defesa contra a dispersão e uma tentativa de construir a coesão. Nesse primeiro momento, a coesão pode tomar contornos autoritários. Tanto as diferenças internas quanto as externas – do grupo com outros grupos – são mal suportadas e o grupo pode tentar excluir ou discriminar quem for diferente, criando muitas vezes o fenômeno do "bode expiatório".

O coordenador busca acolher o grupo, facilitando os laços e identificações, sem lhe oferecer uma imagem romântica, falsa, de si mesmo. Por outro lado, cuida que a palavra social circule por todos os membros, buscando resguardar o espaço de participação para todos e, ainda, se opondo com clareza, mas sem ranço moral, às escolhas de bode-expiatório.

Nessa fase, há forte transferência para com a figura do coordenador, do qual o grupo espera instruções. O coordenador aceita o seu lugar de coordenador mas não de diretor, e volta para o grupo a responsabilidade pelo seu processo, se colocando à disposição para facilitá-lo. Também, procura não estimular a dependência do grupo, mas aponta para os laços que vão se formando dentro do grupo (ver Ribeiro, 1995).

De fato, nessa fase, também ocorrem movimentos de identificação no interior do grupo, com os membros procurando "pares", embora a conversa pareça superficial, pois os laços de intimidade são ainda precários. O coordenador procura perceber o movimento do grupo através dessa pretensa "superficialidade". Nesse sentido, busca fortalecer a rede de relações no grupo sempre na articulação com a tarefa, isto é, a discussão do tema da Oficina.

Em um trabalho estruturado com grupos, como no caso da Oficina, o coordenador pode aproveitar esse momento para propor técnicas que facilitem a formação de um sentimento de grupo e a comunicação entre os participantes. Isso será feito sem reiterar a visão idílica de que todos são iguais e unidos mas também sem espicaçar o medo de desmembramento que, neste momento, pode levar o grupo a uma dispersão, pois sente a sua angústia sem estar preparado – pelo estabelecimento de uma rede de transferências – para lidar com ela.

O coordenador indica ao grupo que é possível construir laços e caminhar para um trabalho conjunto. Nesse sentido, estimula a troca de experiências e o trabalho com duplas, trios, retomando-o depois dentro do coletivo grupal. Assim, estimula as trocas intersubjetivas e o sentimento do grupo.

Por outro lado, evita personalizar suas intervenções ou tornar-se o centro delas. Reenvia as questões do grupo para o grupo, pondo em causa a responsabilidade do grupo para consigo mesmo, mas de uma maneira paciente e constante.

Para sair desse primeiro momento, e da idealização de sua identidade, buscando realizar a sua tarefa (a discussão do tema proposto), o grupo precisa construir sua rede de identificações e incrementar os seus processos de cooperação e comunicação (ver Pichon-Rivière, 1998).

O coordenador deve estar atento para ajudar nessa empreitada, ajudando o grupo a: pensar as suas regras e papéis, dividir tarefas, trocar experiências, buscar informações. Comenta e esclarece o valor, a direção e intensidade dos vínculos.

Nesse ritmo, as diferenças começarão a aparecer. Isso acontece porque cada membro traz a sua singularidade para o grupo: começa encampando o objetivo comum como uma forma de ser reconhecido pelo grupo e em seguida deseja que o grupo o reconheça em sua especificidade diante do objetivo comum (Enriquez, 1997). Uma dialética constante que o coordenador deve ser sensível para perceber e articular. Por isso mesmo, as diferenças podem ser tanto bem-vindas quanto ameaçar o grupo, que se defende delas reanimando o ideal de uma coesão absoluta.

É importante notar que o processo de Oficina pode intensificar a primeira fase do grupo e pressioná-lo em direção à segunda fase pelo fato de que (a) a Oficina tem um tempo delimitado e o grupo, ciente disso, se prepara para agir dentro de sua agenda de trabalho, (b) o fato de a coordenação incentivar a interação através de técnicas lúdicas e propor temas pressiona, positivamente, o grupo na direção da produção e, (c) o enquadre facilita a atuação mais ativa do coordenador, sendo que o grupo se vê lançado mais cedo no processo de descobrir e lidar com suas diferenças.

O coordenador procura negociar essas instâncias com o grupo, facilitando a sua passagem para uma fase de produtividade, mediante o trabalho com as angústias e ansiedades suscitadas. O grupo precisa ser ajudado nesse momento que envolve o medo de mudança. Para tal, o grupo deve estar envolvido na construção de sua rede de relações que lhe possibilitará a existência de uma disposição comum entre os membros, ou seja, a "tele" do grupo operativo.

Aparecimento de Diferenças e Construção de Condições de Produtividade do Grupo

Em primeiro lugar, as diferenças aparecem porque o que leva cada um a querer pertencer ao grupo é não apenas o desejo de pertença – pelo qual o participante pretende abrir mão de suas singularidades, no intuito de fazer-se igual – mas também o desejo de reconhecimento – pelo qual o participante deseja que o grupo o reconheça em sua singularidade, isto é, naquilo em que é diferente ou único (Enriquez, 1997).

Em segundo lugar, as diferenças aparecem porque a realização da tarefa exige que os participantes se impliquem em atividades e decisões, evidenciando seus pontos de vista. Ocorre que a homogeneidade é totalitária e imobilizante. O engajamento na tarefa provoca o aparecimento de diferenças, que podem ser mais ou menos conflitivas.

Nesse momento, o coordenador começa a sublinhar as diferenças, enfatizando o que trazem de produtivo para o grupo: as experiências e reflexões de cada um servem à experiência e reflexão dos outros. Os limites de cada um são ilustrativos e mesmo constitutivos dos limites dos outros. A riqueza da interação começa a emergir. O coordenador propõe jogos e técnicas que facilitem a comunicação e a reflexão em torno dos temas a serem trabalhados e, daí, procura sistematizar as posições existentes no grupo, mediar conflitos, levar o grupo a reconhecer sua produtividade. Nesse sentido, estará procurando trabalhar a matriz de comunicação dentro do processo grupal.

Ao mesmo tempo, o aparecimento da diferença também provoca defesas e angústias. O coordenador procura explicitar essas dificuldades, escolhendo a forma e momento de intervenção, pois a interpretação só opera quando pode ser "ouvida" e processada.

O grupo é incentivado a se tornar mais independente da coordenação, sendo que os membros podem atuar como "interpretadores" uns para os outros, fortalecendo a rede e incrementando o estabelecimento de transferências. Essa é a riqueza do grupo que o coordenador acompanha e facilita. O coordenador escuta e aceita sugestões de atividades e apóia o grupo na busca de sua autonomia, buscando analisar suas dificuldades na direção mesma dessa autonomia.

Quando o grupo está enfrentando o desafio de suas diferenças, também está envolvido com o processo de formação do seu esquema conceitual referencial operativo (ECRO) pois será justamente este que poderá regular as relações no grupo, a partir das diferenças, defendendo uma cultura própria, uma mentalidade grupal, um consenso mínimo em torno da tarefa. De fato, a necessidade de produção em torno da tarefa faz com que o grupo se envolva mais em processos grupais aqui já referidos como cooperação e competição, formas de liderança, comunicação, e aprendizagem (Pichon-Rivière, 1998).

Final de grupo: Elaboração do Luto e Avaliação do Processo Grupal

Como vimos, o enquadre da Oficina define, muitas vezes, um número de encontros e um cronograma. Assim, o fim do grupo coincide com esse cronograma e não com um processo interno de finalização. Daí ser necessário "trabalhar" esse fim, para que a produtividade da Oficina possa ser sentida como positiva pelo grupo e como algo que os participantes podem levar para outras instâncias de seu cotidiano.

O final de um grupo pode estar associado com sentimentos de satisfação ou insatisfação com a produtividade em torno da tarefa. Além disso, envolve: sentimentos de ansiedade e melancolia pela perda das relações e dificuldades em perceber como a Oficina poderia ter desdobramentos no cotidiano (ver Ribeiro, 1995).

É importante que o grupo saiba quantos encontros pode esperar ter e que seja lembrado com alguma antecedência da aproximação do fim da Oficina, para que possa deixar aflorar e trabalhar os sentimentos evocados. O coordenador da Oficina tratará de abrir espaço para que o grupo perceba a sua gama de sentimentos e possa elaborar seus ganhos e perdas, seu processo de crescimento, o que foi incorporado, o que será transportado para outras vivências e contextos, refletindo sobre os horizontes abertos e avaliando o trabalho grupal.

O trabalho do grupo será avaliado em relação (a) ao processo grupal, isto é, à formação de identidade, comunicação, cooperação, aprendizagem e rede de vínculos, à forma do grupo lidar com suas lideranças e seu funcionamento interno, (b) em relação à tarefa, sua realização no contexto, e (c) em relação à contribuição do grupo para o seu contexto e, inversamente, ao impacto do contexto sobre a produção do grupo. Esses ângulos de avaliação dependerão também do grupo e serão realizados dentro de sua perspectiva, com sua linguagem e da forma como achar mais adequada.

Comunicação e Processos Intersubjetivos na Oficina

Na discussão da "Oficina" vimos que o planejamento flexível, por meio de vários encontros, visa a construir uma estrutura onde o grupo possa viver um processo de elaboração de suas questões. A "Oficina" pretende ser um local de elaboração onde os sujeitos trabalharão a experiência, através da comunicação, e envolvidos de maneira integral: sentir, pensar e agir.

A especificidade da Oficina está em que o processo de comunicação no grupo – em níveis consciente e inconsciente – estará vinculado à realização da "tarefa", isto é, à elaboração da questão central escolhida pelo grupo. Para isto, os participantes se dispõem – em menor ou maior medida – à revisão de suas representações e experiências. Assim, o processo do grupo é ao mesmo tempo coletivo e individual. O processo grupal serve de continente para um processo de des-construção e re-construção de representações e relações (Foulkes, 1967; Pichon-Rivière, 1998).

Como veremos, esse processo ocorre porque existe uma relação entre campo grupal e social e porque, no processo de comunicação do grupo, há um constante trabalho que interrelaciona linguagem e identidade. A coordenação do grupo mobiliza, facilita e incentiva esse trabalho.

Campo Grupal e Campo Social

O grupo se constitui em um circuito de trocas sociais, simbólicas e afetivas que envolve relação e comunicação. É preciso então abordar e analisar os elementos que dificultam essas trocas, tais como os filtros ideológicos, os tabus e zonas de silêncio, que estão presentes em dimensão consciente e insconsciente (Mailhiot, 1976, Lewin, 1988).

No grupo, podemos identificar dificuldades de comunicação devidas (a) à censura psíquica vivida por cada participante, como no caso de lembranças dolorosas que são evitadas, (b) às representações e aos estereótipos sociais que paralisam o processo de reflexão, como no caso de estereótipos sobre grupos raciais, (c) à distância sociocultural entre os participantes, como no caso de diferenças de visão de mundo ou de linguagem em diferentes pertencimentos sociais, e (d) podemos acrescentar que existe também uma censura que está relacionada à inserção institucional e social do grupo, que leva ao receio de tocar em determinados temas.

O grupo é contexto da intervenção e matriz de comunicação. A intervenção trabalha as distorções de comunicação, sem pretender, entretanto, que a comunicação seja totalmente livre, uma vez que a vida afetiva do grupo não pára nunca de se produzir e, assim, de interferir com o "nível da tarefa". O grupo oferece a possibilidade de sensibilização e revivência de situações e relações. A vivência em comum provoca um jogo de identificações e transferências que tem conseqüência para o movimento de mudança dos participantes (Foulkes, 1967; Ribeiro, 1995; Lewin, 1988; Pichon-Rivière, 1998).

Na "Oficina", buscamos trabalhar com as censuras psíquicas e psicossociais. Mas sabemos que não se pode definir um objetivo final, uma consciência perfeita e nem um ideal de transparência total de comunicação. Pelo contrário, há um trabalho contínuo em torno da produção de uma visão do grupo, de uma identidade, de consensos provisórios, etc. Baseamo-nos aqui em um paradoxo que envolve duas afirmações igualmente válidas. A primeira é a de que é impossível não se comunicar – o ser humano é sujeito da linguagem e da comunicação e, todo o tempo, querendo ou não,

emite mensagens. A segunda é a de que a comunicação é de fato impossível, uma vez que nossas mensagens são sempre defasadas da nossa intencionalidade e desejo, havendo sempre uma falta ou um excesso na comunicação.
Esse paradoxo acompanha o processo grupal. Mas, longe de impedi-lo, o impulsiona.

A comunicação só se realiza pela interação, o que implica buscar determinações de contexto, papéis e expectativas sobre as subjetividades dos participantes e sobre suas relações, para que possam refletir sobre as censuras impostas à sua comunicação. Isto é, considerar um processo de intervenção onde os sujeitos participam de sua própria mudança, na medida em que *desenvolvem a consciência sobre a produção de sua consciência* (ver Freire, 1980)

Partimos do pressuposto de que a consciência, tanto em seus processos quanto em seus conteúdos, é constituída na relação com as instituições sociais, especialmente a linguagem, pelos vínculos sociais e afetivos no cotidiano (Freire, 1980).

Ainda que recusando a ilusão de total autonomia da consciência, ainda considerando que o sujeito é cindido pela ideologia e pelo inconsciente, argumentamos que, conhecendo as condições de sua constituição, e procurando atuar sobre elas, o sujeito participa de sua própria história. Esse é o ponto de partida do trabalho com Oficinas: a análise feita pelos participantes faz parte de sua história e, nesta, pode ser incorporada como (auto)construção e autonomia.

O participante do grupo é visto como sujeito e objeto de seu processo de elaboração. Na medida em que é capaz de se ver como objeto para si é que alguém pode dizer-se dotado de uma consciência. Por sua vez, a capacidade de se ver como objeto para si, a formação da consciência, depende da capacidade de se pensar em um processo de comunicação. A estrutura social é anterior ao indivíduo, não como uma realidade que o nega mas como um "outro" que constantemente interroga, interage, pressiona e reage. A relação pessoa-sociedade é uma relação de alteridade (Mead, 1993).

Entretanto, nossa consciência só alcança parte da nossa experiência cotidiana. Isto é assim porque: (1) existe a limitação da consciência individual para perceber os significados da ação em seu contexto, (2) o significado de nossas ações é sempre construído na interação e portanto não pertence aos indivíduos isolados e (3) os significados das ações vão além da compreensão individual e interpessoal na medida em que também possuem uma dimensão histórica, que é sempre inacabada (Mead, 1993).

O primeiro tipo de limitação diz respeito às dificuldades do sujeito de compreender-se na interação. Apenas em parte percebe suas motivações, objetivos e sentimentos, uma vez que eles serão, sempre, em parte, inconscientes (Mead, 1993).

A segunda limitação diz respeito aos significados das interações. Embora exista um contexto social definido e estruturado, que as determina em parte, a *possibilidade concreta* da interação social, como *acontecimento* (histórico, único) contém em si mesma *um grau de imprevisibilidade*: o resultado da ação é uma construção dos sujeitos dentro de um contexto sócio-histórico (Mead, 1993).

É justamente por seu caráter de "acontecimento" que cada interação traz em si a possibilidade de ser analisada, revelando o que contém de repetição e de criatividade e produção. Pela atualização dos conflitos e sua análise no aqui e agora da relação, a interação se mostra em sua face paradoxal de "repetição" e de "acontecimento" (Mead, 1993).

Dizer que o significado está associado à linguagem implica reconhecer o seu caráter social. Ou seja, em uma interação de duas pessoas, o significado não é dado nem pela subjetividade de um nem pela subjetividade do outro, mas pelo acontecimento de seu encontro em um contexto. A intersubjetividade não "pertence" a um e nem a outro, e não pode ser captada apenas pela análise de cada sujeito envolvido na relação. Assim, no grupo, é importante a análise de como as representações conscientes e inconscientes dos participantes se articulam às representações sociais enraizadas em seu contexto sociocultural. Dessa forma, procede-se a uma articulação entre campo grupal e campo social.

O Trabalho no Grupo Interliga a Linguagem e a Identidade

Nossas representações do mundo são construídas em interação social. A forma como problematizamos o mundo e as respostas que procuramos para os problemas formulados têm seu fundamento, abertura e limite na linguagem, na sociedade e na cultura. Em outras palavras, podemos dizer que o vínculo social é estruturante do nosso psiquismo e está presente em suas realizações. No grupo, há conflitos entre indivíduos mas também cooperação, promovendo assim a co-construção da compreensão do mundo. A *consciência* é parte importante da relação de co-construção do mundo, que estará implicada nas ações e instituições humanas (Berger e Luckmann, 1976).

Como vimos, no campo grupal, também se fazem presentes os papéis sociais, as ideologias, as instituições e, enfim, a identidade social do sujeito. Um pai que reflete sobre a sua experiência de ser pai de um filho adolescente está ao mesmo tempo refletindo sobre a relação pai-filho em seu contexto, as representações de adolescência e paternidade, entre outras coisas.

Os papéis sociais possibilitam que as instituições sejam incorporadas à experiência do indivíduo: "Ao desempenhar papéis o indivíduo participa de um mundo social. Ao interiorizar esses papéis, o mesmo mundo torna-se subjetivamente real para ele". Assim, a subjetividade do sujeito se objetiva na interação social. Ao mesmo tempo, na medida em que os indivíduos reproduzem e produzem os papéis sociais, faz em com que sejam marcados por sua subjetividade, isto é, imprimem uma subjetividade à ordem social (Berger e Luckmann, 1976, ver ainda Ciampa, 1988).

Seu desempenho nas várias esferas da vida social coloca, para o indivíduo, um problema de integração de seus papéis, necessitando reunir as várias representações em um todo coerente. Constrói uma representação de si que lhe pareça coerente, isto é, uma identidade. Através dessa identidade, busca reconhecer-se o mesmo ao longo do tempo (diacronia) e nas diversas situações sociais em que está inserido (sincronia). A identidade é uma construção. Como construção ela se faz na linguagem. Ou seja, aparece como uma narrativa que fazemos de nós, isto é, uma forma de contar para nós mesmos e para os outros quem somos. Finalmente, como narrativa, podemos dizer que a identidade tem uma dimensão simbólica e uma imaginária; uma dimensão consciente e uma inconsciente (Ciampa, 1988; Ciampa; 1989; Afonso, 1997).

Encontramos aí, em relação dialética, um sujeito descentrado, composto de um *sujeito da experiência*, a partir das interações vividas, e um *sujeito da comunicação*, que recebe e atribui significado a estas interações. Tal noção de descentramento reitera que os significados são construídos em interação, processada em níveis consciente e inconsciente, e que os sentidos produzidos não se restringem à subjetividade dos indivíduos mas são recursivamente reenviados ao contexto social que os transcende.

Na matriz de comunicação grupal, surgem diferentes narrativas que se entrecruzam e se confrontam buscando construir uma identidade grupal que facilite as identificações interpessoais. A matriz de comunicação contem as narrativas que cada um faz de sua história, de suas interações no grupo, de sua relação com o contexto, entre outros elementos fundamentais (Foulkes, 1967; Ribeiro, 1995).

Podemos, então, pensar que a intervenção no grupo está relacionada às narrativas, em diferentes dimensões. Essas narrativas serão construídas, desconstruídas e reconstruídas, ao longo do processo de comunicação e na rede de relações grupais (Neri, 1999).

Sugerimos que algumas das "linhas de desconstrução e reconstrução" que podem estar ativadas nesse processo são: (a) a narrativa do sujeito quanto à congruência entre seu passado, presente e projetos, (b) a problematização de situações atuais vividas pelos participantes, com o conjunto de suas interações e perspectivas de mudança, (c) os processos de elaboração entre história individual e história coletiva, a partir da identificação e relação no grupo.

Por exemplo, em uma Oficina sobre a relação entre pais e filhos adolescentes, os pais podem refletir sobre sua história e como essa história influencia suas relações atuais com os seus filhos, dentro de um contexto que envolve as transformações da família contemporânea. Ou seja, os valores que aprendeu, como foi a sua adolescência, como é hoje a adolescência do filho, suas dificuldades de compreensão e ação, a relação dessas dificuldades com o seu grupo de convivência, a midia e a escola.

Uma Progressão em Processo, a partir da Espiral Dialética do Grupo

O trabalho de intervenção na Oficina reconhece a relação essencial entre o vínculo afetivo e o vínculo social – cada qual envolvendo os participantes com o grupo e os participantes entre si – no processo de expressão, sistematização, desconstrução e reconstrução de significados no grupo.

Em conseqüência, é possível distinguir alguns focos da intervenção. Estes mobilizam e canalizam as potencialidades do grupo. Porém, não se constituem em um "processo natural", de onde a importância do coordenador.

De fato, nossa reflexão não emerge automaticamente da experiência. A experiência precisa ser compreendida e descrita para ser objeto de reflexão. Assim, quando elaboramos, nós o fazemos sobre uma narrativa e não sobre a experiência "nua e crua" (Bion, 1975; Neri, 1999). Além disso, contêm certa *progressão em processo* (a esse respeito, ver Bion, 1975 e Neri, 1999), o que equivale dizer que, para se chegar ao foco de elaboração, é preciso ter passado, de maneira explícita ou implícita, pelos outros focos do processo grupal, tal como se segue:

1) O trabalho com a Oficina necessita da *sensibilização* dos participantes sobre sua experiência, em relação ao tema trabalhado, em seu contexto social. Envolve relações e sentimentos no aqui e agora do grupo, suas formas de pertencimento e identificação mas, também, a sensibilização diante de vivências fora do grupo, e de projetos que dizem respeito ao tema trabalhado na Oficina;
2) O trabalho com a Oficina necessita de *esclarecimento e sistematização* dos participantes, sobre suas experiências, isto é, de uma expressão, elucidação e reconstrução da narrativa que tecem entre o vivido e o pensado. Examina, também, a identificação entre os atores e seus papéis dentro e fora da estrutura grupal, o que abre a possibilidade do trabalho com as relações institucionais. Isto não se constitui na elaboração, mas facilita o *insight* e a reflexão;
3) O trabalho com a Oficina necessita de *elaboração da experiência*, na medida em que mobiliza as narrativas que são sistematizadas no grupo e as reinveste de significados partindo da demanda presente no grupo e em sua rede de transferências;
4) O trabalho com a Oficina necessita de *desconstrução e reconstrução de representações* (crenças, estereótipos, preconceitos, etc.) *e identidades* sociais (percepção de si nas relações e papéis sociais). Isso implica a construção de novos olhares e novas formas de escuta da realidade, no que diz respeito às relações interpessoais e sociais;
5) O trabalho com a Oficina pode envolver *processos de decisão* em relação às relações interpessoais e sociais. Isto implica na mobilização dos recursos do grupo e mediação de conflitos. O

consenso é sempre provisório, resultado de negociação no contexto. O consenso não elimina a emergência de novos conflitos ou a reemergência dos antigos.

Em nossas pesquisas com Oficinas, pudemos constatar que a troca de experiências entre os participantes é, no primeiro momento, baseada em uma rede de identificações. É no momento em que essa troca se contextualiza e permite que as diferenças sejam ouvidas que ela favorece a elaboração, quebrando a repetição e o mero espelhamento. A coordenação tem o papel de apontar isso para o grupo, incentivando a comunicação em uma rede descentralizada e cuidando para a circulação da palavra.

A reflexão está relacionada a um processo dialógico da mesma maneira que a elaboração exige uma mudança do sujeito nas relações, a partir da rede de transferências no grupo. A ansiedade e a resistência à mudança podem ser atenuadas com a negociação de conflitos e com a busca de recursos simbólicos para que o grupo as elabore.

Nesse sentido, a própria escolha de temas-geradores pelo grupo favorece a elaboração da sua experiência, especialmente quando se trabalha em uma gradação, já sugerida acima, de progressão em processo na espiral dialética do grupo.

Existe, assim, uma importante conexão entre estabelecer vínculos, comunicar e elaborar a experiência no campo grupal. A elaboração não é diretamente sobre a experiência mas sobre a narrativa que se faz desta em um processo de comunicação, e em uma rede de vínculos e transferências.

A Técnica como Linguagem

Em nossas Oficinas entendemos que o uso de técnicas favorece a sensibilização, a expressão e a comunicação, a reorganização das narrativas no campo grupal, a possibilidade de sistematização e comparação dos pontos de vista, o trabalho com conflitos e diferenças. Entretanto, esse resultado não vem da técnica por si mesma e sim pelo valor dialógico que ela adquire no campo grupal, com base em sua escolha, adaptação, etc. Ou seja, para que a técnica tenha utilidade deve desempenhar, para o grupo, um valor de metáfora articulada com a experiência dos participantes.

Nesse sentido, entendemos que a técnica se coloca como uma linguagem que é possível utilizar para, em seguida, continuar a investir no processo de reflexão e elaboração do tema da Oficina. É preciso, então, diferenciar entre as técnicas e o *processo mesmo do grupo*. A *dinâmica do grupo* se configura como um processo vivido pelo grupo e explicado por uma teoria de grupo. As técnicas, muitas vezes chamadas de maneira simplificada de "dinâmicas", configuram estratégias, jogos, atividades que motivam a ação e comunicação, no sentido de facilitar, esclarecer e elaborar o processo grupal. Em consequência, as técnicas devem ser adequadas ao processo do grupo e o coordenador deve, em suas proposições, respeitar esse processo, tendo sempre em mente uma ética de condução do grupo. Teoria, técnica, intervenção e ética devem, portanto, estar reunidas no trabalho.

As técnicas devem ser tomadas como meios (e não como fins) que servem para expandir o conhecimento no grupo e abrir possibilidades de interação. Assim, o coordenador tanto pode aprender a usá-las como deve aprender a abrir mão delas quando não encontram ressonância no desejo do grupo. Se o coordenador prepara ou sugere o uso de uma técnica, e o grupo não se engaja, é mais pertinente parar e seguir o curso do processo grupal, outras sugestões que o grupo traga e a compreensão do que se passa em seu processo.

Já é clássico o reconhecimento de diferentes níveis de linguagem no grupo: (a) linguagem não verbal, em toda a sua gama de olhares, postura e gestos, distância física, etc, (b) linguagem verbal do tipo metafórico, com criação de histórias, poesias, cantos e chistes, entre outras, e (c) linguagem verbal do tipo discursivo, com sua estrutura mais racionalizada e organizada em torno de representações e ideologias.

Ora, as técnicas se somam às possibilidades de linguagem no grupo: gráfica, pictórica, corporal, sonora, entre outras, sempre marcadas pelo caráter lúdico e nos remetendo a um universo de significados.

Nesse sentido as técnicas são linguagem e armam uma encenação de relações ou situações a se trabalhar. O processo de tradução entre linguagens – do lúdico ao compreensivo, do poético ao racional – propicia o *insight*, na medida em que o grupo fala sobre o que encenou, operando no registro da palavra. A abertura perceptiva e criatividade na vivência de técnicas ajudam nesse processo.

Assim, o uso de técnicas não deve ser aleatório, ou seguindo o desejo do coordenador, mas estar conectado ao processo grupal, à reflexão central do grupo, à tarefa. Do nível lúdico passamos ao reflexivo. Nesse sentido, também não há "respostas certas" que um grupo deva dar a uma situação, mas sim uma abertura dialógica. O que o grupo traz deve ser escutado com cuidado e atenção flutuante pois em observações aparentemente simples pode estar imbrincado um significado importante para o participante.

Ora, um processo de tradução nunca é a simples repetição literal de uma representação ou experiência, mas envolve um esforço de repensar a experiência, as representações, identidades e relações Este processo se dá a partir da singularidade da experiência de cada participante mas também a partir de um tema que tenha significado e valor cultural e que é posto em relevo na experiência comum do grupo.

Trabalhando a concepção do lúdico em Winnicott (1975), pudemos observar nas Oficinas que, quando a técnica é um jogo ou uma brincadeira, ela nos possibilita trabalhar um tema, ou um conflito, por meio de uma estrutura que (a) promove uma abertura perceptiva, (b) permite a expressão de sentimentos e idéias, (c) permite a encenação de relações, (d) permite que o sujeito se veja em situações não cristalizadas no cotidiano, (e) permite uma sensibilização e uma disposição para a apreensão de novos signficados.

Quando a técnica envolve um esforço de comunicação ou de reflexão também leva a perceber ângulos não cristalizados no cotidiano e a uma abertura para o processo dialógico.

Entretanto, não se deve esperar um "dado resultado" a partir de uma técnica, no sentido de suscitar um *conteúdo previamente delimitado. Isso seria usar a técnica como mero recurso pedagógico para conduzir o raciocínio do grupo. O resultado esperado não é um conteúdo e sim um processo. A produção do grupo é que irá dar um conteúdo a esse processo, em seus diferentes momentos. A coordenação da Oficina busca facilitar para o grupo a conexão entre técnica, experiência e reflexão.*

Comentários Finais: uma Questão Ética

Pretendemos, neste texto, contribuir para a discussão em torno de trabalhos de grupo com foco estruturado. Nossa contribuição se debruça sobre a intervenção psicossocial com pequenos grupos nas áreas da saúde, educação e comunidade. Não temos a pretensão de esgotar as possibilidades dos pequenos grupo e muito menos de considerar a metodologia das Oficinas como receita geral para todo e qualquer trabalho.

Quando falamos em intervenção psicossocial, quando interligamos processos psicossociais e subjetivos, estamos colocando em pauta a questão da mudança em esferas microssociais. Assim, a coordenação do grupo assume um papel de agente cultural, como alguém que mobiliza e facilita os processos participativos na mudança. Por estas razões, gostaríamos de concluir com um comentário sobre a preocupação ética com a pertinência social deste trabalho.

A questão que se coloca é se os grupos podem ser manipulados, contra o seu próprio desejo e interesse, em um processo de intervenção psicossocial. A questão é densa e tensa. Exigiria uma longa discussão que não podemos fazer agora. Assim, vamos nos restringir a apresentar a nossa posição.

Voltemos a Lewin, que já havia se preocupado com a correlação necessária entre a liberdade de escolha e o desenvolvimento de novas referências para a percepção social. Nesse sentido, escreveu:

> *(...) Muita gente supõe que a criação de uma atmosfera de informalidade e liberdade de escolha, como parte do processo reeducativo, não pode possivelmente significar outra coisa que não seja o educador ter o cuidado de manipular os indivíduos de modo a fazê-los pensar que são os donos do espetáculo. Para gente assim, essa forma de reeducação não passaria de um engôdo e de uma cortina de fumaça para o que consideram o método mais honrado, direto de utilização da força. (Lewin, 1988, p. 81)*

Contudo, pondera Lewin (1998), este tipo de trabalho não conseguirá seus objetivos se não for livremente escolhido pelos indivíduos e, ao contrário, se for imposto por qualquer tipo de medo. Nesse caso, o grupo – e os indivíduos – oferecerá resistências das mais diversas e passará a hostilizar os novos valores que se lhes quer impor. Ou seja, a convicção de que a mudança está associada à participação é também a convicção de que a imposição suscitará, em algum medida, resistências.

A aceitação de valores e práticas que sejam lesivas à liberdade e à autonomia dos sujeitos envolvidos acarreta amplas e profundas contradições que, cedo ou tarde, se revelam em defesas psíquicas e resistências sociais. Mas, é à medida que os sujeitos podem sentir e pensar suas relações em um novo contexto, que poderão criar acordos quanto às regras que desejam e podem assumir. Nesse sentido, a "Oficina" não se coloca como método subreptício de manipulação e sim pretende ser um método participativo de análise psicossocial, cujos processos podem ser estimulados mas não induzidos, e cujos resultados dependem essencialmente da produção do grupo, enquanto uma rede de relações, e não apenas da "atuação competente" de um coordenador. Como seu nome diz, a Oficina é um processo de construção, que se faz coletivamente – ou não se faz.

Bibliografia citada

AFONSO, Maria Lúcia M. *A Polêmica sobre adolescência e sexualidade. Belo Horizonte*. Tese de Doutorado, Faculdade de Educação, UFMG, Belo Horizonte, 1997.

BERGER, P. e LUCKMANN, T. *A construção social da realidade*. Petrópolis: Vozes, 1976.

BERSTEIN, M. "Contribuições de Pichón-Rivière à psicoterapia de grupo". In: OSÓRIO, Luiz Carlos e col. *Grupoterapia hoje*. Porto Alegre: Artes Médicas, 1986, p. 108-132.

BION, W. R. *Experiências com grupos: os fundamentos da psicoterapia de grupo*. Rio de Janeiro: Imago, Editora da Universidade de São Paulo, 1975.

BRAIER, E. A . *Psicoterapia breve de orientação psicanalítica*. São Paulo: Martins Fontes, 1986.

CIAMPA, A. "Identidade". In: LANE, S.T. e CODO, W. *Psicologia social: O homem em movimento*. São Paulo: Brasiliense, 1988.

ENRIQUEZ, E. *A organização em análise*. Petrópolis: Vozes, 1997.

FREIRE, P. *Ação cultural para a liberdade*. Rio de Janeiro: Paz e Terra, 1976.

FREIRE, P. *Educação como prática da liberdade*. Rio de Janeiro: Paz e Terra, 1980.

FREUD, S. "Psicologia das massas e análise do eu". In: FREUD, S. *Obras completas*. Tomo I. Madrid: Ed. Biblioteca Nueva, 1984. p. 755-932.

GAYOTTO, M.L.C. e DOMINGUES, I. *Liderança – aprenda a mudar em grupo*. Petrópolis: Vozes, 1998.

INSTITUTO PICHÓN-RIVIÈRE DE SÃO PAULO. *O Processo educativo segundo Paulo Freire e Pichón-Rivière*. Petrópolis: Vozes, 1991.

LEWIN, K. *Problemas de dinâmica de grupo*. São Paulo: Cultrix, 1988.

MAILHIOT, G. B. *Dinâmica e gênese dos grupos*. São Paulo: Livraria Duas Cidades, 1991.

MARTINS, R.B. "Contribuições de Freud à psicoterapia de grupo". In: OSÓRIO, L. C. e col. *Grupoterapia hoje*. Porto Alegre: Artes Médicas, 1986, p. 43-56.

MEAD, G. H. *Espiritu, persona y sociedad desde el punto de vista del conductismo social*. Barcelona/Buenos Aires/México, Editorial Paidos, 1993.

MELLO Filho, J. de. "Contribuições da escola de Winnicott à psicoterapia de grupo". In: OSÓRIO, L. C. e col. *Grupoterapia hoje*. Porto Alegre: Artes Médicas, 1986, p. 64-97.

NERI, C. *Grupo – Manual de psicanálise de grupo*. Rio de Janeiro: Imago, 1999.

OSÓRIO, L. C. e col. *Grupoterapia hoje*. Porto Alegre: Artes Médicas, 1986.

PICHON – RIVIÉRE, E. *O processo grupal*. São Paulo: Martins Fontes, 1998.

PORTARRIEU, M.L.B. e TUBERT-OAKLANDER, J. "Grupos operativos". In: OSÓRIO, L. C. e col. *Grupoterapia hoje*. Porto Alegre: Artes Médicas, 1986, p. 135-141.

RIBEIRO, J.P. *Psicoterapia grupo analítico -Teoria e técnica*. São Paulo: Casa do Psicólogo, 1995.

ROUDINESCO, E. e PLON, M. *Dicionário de Psicanálise*. Rio de Janeiro: Jorge Zahar, 1998.

SILVA, L. A Py de M. "Contribuições de Bion à psicoterapia de grupo". In: OSÓRIO, L. C. e col. *Grupoterapia hoje*. Porto Alegre: Artes Médicas, 1986, p. 57-63.

VIELMO, F.R. "Transferência e contratransferência na situação grupal". In: Homepage da Sociedade Brasileira de Dinâmica de Grupo, 1998.

WINNICOTT, D.W. *O brincar e a realidade*. Rio de Janeiro: Imago, 1975.

DIMENSÕES DO TRABALHO COM OFICINAS:
A EXPERIÊNCIA DO GRUPO UM*

Maria Lúcia M. AFONSO
Anna Carolina Andrade BARBOSA
Cássia Beatriz Batista e SILVA
Romina Moreira Magalhães GOMES

O Grupo Um integrou a nossa pesquisa sobre Oficinas em Dinâmica de Grupo, realizada com grupos de pais de adolescentes em uma escola pública. Era de nível sócio-econômico baixo e teve uma frequência média de cinco pessoas por encontro, em um total de oito encontros. Ao relatar essa experiência, vamos enfatizar as diferentes dimensões nas quais se baseia a construção de oficinas: terapêutica, pedagógica e ética. Orientadas por esse tripé, buscamos assumir uma postura em que se tornassem claros os objetivos de nosso trabalho, sempre atentas aos limites nele implicados.

Tratava-se de uma proposta que aconteceria em um curto espaço de tempo oito encontros, de aproximadamente duas horas, um a cada semana, ao longo de dois meses. Era, pois, necessário que fizéssemos um recorte, de modo a poder tratar as questões surgidas no grupo dentro de seus limites temporais e técnicos, sem suscitar a ilusão de sua continuidade. Isso não foi tarefa simples, como veremos adiante.

As oficinas teriam como foco central a forma como os pais experienciavam a relação com seus filhos adolescentes. O objetivo do trabalho não era o de passar informações descontextualizadas, tampouco se tratava de oferecer uma receita de como lidar com seus filhos. Nossa proposta era criar um espaço de reflexão e de trocas de experiência que propiciasse a construção de um saber a partir do próprio grupo.

No que se refere à dimensão terapêutica, as oficinas buscam promover a elaboração de sentimentos, pensamentos e formas de

---

* Anna Carolina Andrade Barbosa e Romina Moreira de Magalhães Gomes coordenaram o grupo. Maria Lúcia M. Afonso e Cássia Beatriz Batista e Silva foram supervisoras. Todas participaram na elaboração e escrita do capítulo.

agir. Falar sobre a interação com os filhos envolve falar sobre a própria vivência, o que remete à subjetividade de cada um, favorecendo processos de elaboração. Em nossa experiência, conciliamos a proposta de discutir a relação entre pais e filhos adolescentes com os conflitos pessoais que os integrantes do grupo traziam e que, de algum modo, afetavam esta relação. Tais conflitos giravam em torno de conteúdos ligados à infância e adolescência dos pais, vivências sexuais e relacionamento do casal.

Ao lado dessa possibilidade de elaboração, que caracteriza a dimensão terapêutica, encontra-se a dimensão pedagógica. Torna-se necessário, no trabalho com oficinas, que a coordenação tenha disponível conhecimentos que possam alimentar as discussões e trazer esclarecimentos que ajudem a assumir posturas mais autônomas e menos mitificadas. Mas, ter essas informações, somente, não basta. Uma articulação entre as informações levadas pela coordenação e as experiências relatadas pelo grupo foi a maneira encontrada para diminuir a distância existente entre conhecimentos e experiência. Buscamos, assim, uma contextualização das informações na experiência, nos momentos de fechamento de cada encontro, que designamos "palestras interativas".

A Formação do Grupo

O trabalho com oficinas foi divulgado, inicialmente, em uma palestra sobre adolescência, realizada na escola em que desenvolveríamos o projeto. Os pais que se interessaram pela proposta preencheram uma ficha que nos permitiu dividir os grupos segundo os critérios de nível sócio-econômico e disponibilidade de horários, conforme a pesquisa exigia.

O Grupo Um foi composto por pessoas de nível sócio-econômico baixo. Iniciou-se com sete membros, contando, no segundo encontro, com cinco, dos quais permaneceram quatro até o último encontro. Das pessoas que estiveram presentes ao primeiro encontro, havia um casal que estava se separando e tentou utilizar aquele espaço de uma forma diferente da proposta do grupo. As coordenadoras ofereceram ao casal, no segundo encontro, a alternativa de freqüentar grupos diferentes. Eles preferiram permanecer no mesmo grupo. Porém, com o decorrer dos encontros, um deles desistiu. Percebemos que aqueles que não estão comprometidos com a proposta da Oficina podem desistir. Pode acontecer que algumas pessoas desejem tomar o espaço da Oficina para tratar de problemas que não estão relacionados à sua temática geral. A coordenação deve estar atenta para perceber e encaminhar, quando necessário.

O Planejamento dos Encontros

O planejamento dos encontros tinha o objetivo de orientar o trabalho de coordenação, sem dever, no entanto, ser rígido. Ao contrário, era preciso contar também com os imprevistos que poderiam surgir, relativos, por exemplo, à disponibilidade e à aceitação do grupo quanto às técnicas, ou às condições físicas do local onde as oficinas aconteciam.

O planejamento seguiu a estrutura proposta em Afonso (2000), que prevê o levantamento com o grupo de temas de seu interesse e, em cada encontro, três momentos, com ou sem o uso de técnicas: (a) um momento de aquecimento ou relaxamento (b) introdução do tema, discussão e fechamento do tema feito, em geral, através de "palestras interativas" e, finalmente, (c) uma avaliação do encontro.

No que se refere à co-coordenação do grupo, notamos a importância de estarmos à vontade na condução das técnicas. Foi decidido, então, que cada uma das coordenadoras aplicaria aquela técnica com a qual tivesse mais afinidade, tendo havido, dessa forma, uma alternância entre as coordenadoras num mesmo encontro, o que era combinado a cada planejamento.

O Desenvolvimento dos Encontros

Consideramos relevante detalhar o relato do primeiro encontro, visto ser este, ao menos potencialmente, um desencadeador dos processos grupais e, de certa forma, o norteador para o processo de oficinas como um todo, já que dele procuramos extrair os temas de interesse do grupo. Assim, com relação aos demais encontros, buscaremos destacar apenas os aspectos mais importantes para o cumprimento de nosso objetivo neste artigo:

relatar a experiência na medida em que ela pode nos ajudar a refletir sobre as possibilidades e dificuldades encontradas.

Para o *primeiro encontro*, o planejamento se deu da seguinte forma: apresentação das coordenadoras e da proposta de oficinas (contrato); apresentação dos membros, realizada em três tempos: no primeiro, cada membro diria seu nome e uma característica sua. No segundo momento, formariam duplas, apresentando-se, falando um pouco sobre suas famílias e sobre as razões que motivaram sua vinda para o grupo. Num terceiro momento, cada um apresentaria seu parceiro de dupla, transmitindo ao grupo o que foi conversado.

Numa segunda etapa, as coordenadoras buscariam levantar os temas de interesse a ser trabalhados ao longo do processo de oficinas, bem como definir um cronograma. Finalmente, seria feita uma "palestra interativa" sobre o tema adolescência.

A fase de apresentações aconteceu de acordo com o planejamento. Nesta fase, as pessoas trouxeram os motivos que as fizeram procurar o trabalho em grupo. A fala da maioria delas continha a expectativa de que ali poderiam aprender mais sobre como lidar com os filhos adolescentes. No entanto, havia um outro aspecto que não foi explicitado e que coube às coordenadoras pontuar. Tratava-se de um constrangimento em falar, principalmente com os filhos, sobre assuntos relacionados à sexualidade. Evidenciou-se, nesse momento, que havia dificuldades dos pais com a própria sexualidade e afetividade. Surgiu, assim, um primeiro desafio: o de manter nossas intervenções dentro dos limites propostos no trabalho com oficinas. Não deveríamos ficar somente no plano de transmissão de informações nem nos propúnhamos a fazer psicoterapia com aqueles pais.

Propusemos então ao grupo que buscássemos, durante o tempo que tínhamos pela frente, uma construção de conhecimentos que envolveria a experiência de cada um.

Na fase de apresentações já se manifestaram alguns fenômenos grupais. Foi o caso da identificação que ocorreu entre duas mulheres durante a segunda técnica, de apresentação em duplas. Uma delas afirmou, ao apresentar a parceira para os demais: "minha história é igualzinha à dela". O grupo demonstrou também acolhimento ao depoimento dramático de um pai que tivera seu filho adolescente preso. Isso tornou-se ainda mais claro na etapa de levantamento de temas, quando um dos membros sugeriu "tratamento social da adolescência" em solidariedade à história trazida por esse pai.

Outros temas foram sugeridos com base na discussão anterior sobre o motivo que os fez aderir à proposta de oficinas. Sexualidade e afetividade foram os temas que suscitaram maior interesse, seguidos de *agressividade e violência*. Além desses, foram também sugeridos: *o adolescente e o grupo*, envolvendo a questão das "turminhas" e das "más companhias"; *adolescência ontem e hoje*, incluindo a influência dos meios de comunicação de massa; *uso e abuso de drogas* e a educação dos filhos, envolvendo a questão dos *limites* e do respeito.

Decidimos, neste momento, com o grupo, por não definirmos previamente um cronograma, colocando-nos, dessa forma, flexíveis à direção que o grupo desejasse dar às discussões e à sequência dos temas.

A palestra interativa sobre adolescência foi realizada com o envolvimento do grupo no levantamento das características dos adolescentes e sob a forma de exemplos da experiência de alguns. Percebemos que um dos membros tentou impor ao grupo seu ponto de vista, carregado de valores morais, sobre como se deve agir com os filhos adolescentes, principalmente no que toca à sexualidade e à afetividade. Diante dessa situação, o próprio grupo encontrou maneira de se contrabalançar, oferecendo pontos de vista distintos.

Consideramos que, nesse primeiro encontro, iniciou-se uma formação de vínculos, demonstrada, por exemplo, nas identificações entre alguns dos membros e no acolhimento oferecido aos relatos de experiência. Observaremos que esse processo, de certa forma, será consolidado, ao longo dos demais encontros.

Para o segundo encontro, o tema proposto foi *adolescência ontem e hoje*. Como a própria expressão "adolescência ontem" indica, esse tema envolveu a vivência de cada um da própria adolescência. Foi um encontro com características particularmente diferenciadas, o que ficou marcado por dois aspectos.

O primeiro deles diz respeito à participação de um novo membro. Retomamos as apresentações, para que esse novo membro, que iremos chamar de Marta, pudesse se integrar no grupo, colocando o motivo de sua vinda. Marta reteve a atenção do grupo durante considerável tempo, com uma fala impactante, sobre seu modo de agir com a filha, que incluía violência física. Para falar de seu modo de agir com a filha, usava uma linguagem elaborada que contrastava com a do restante do grupo. Ela parecia buscar a legitimação para os seus pontos de vista com referências a leituras que havia feito. Além disso, passou a emitir opinião sobre o que os outros traziam. Marta não voltou nos encontros subsequentes mas de certa forma esteve presente: o grupo, por várias vezes, referiu-se a ela como a que parecia ter muitas coisas a dizer... Que tipo de mal-estar teria suscitado? Esse aspecto não pudemos avaliar.

O segundo aspecto que marcou esse encontro foi o surgimento de diferenças relativas à experiência de cada um. Trouxeram, por exemplo, o relato de uma adolescência cheia de alegrias que deixara saudades, contrastada com a adolescência dura e sofrida de seus filhos. Quanto ao adolescente de hoje, alguns o descreviam como muito rebelde e outros como muito carinhoso. Nesse clima enriquecedor, ressaltamos, ao final do encontro, que o grupo havia encontrado tanto pontos positivos como negativos na adolescência de ontem e também na de hoje. Em meio a tantas diferenças e algumas dificuldades, sugerimos que refletissem sobre como é ser pai e mãe desse adolescente de hoje, tendo "sido adolescente ontem".

O terceiro encontro abordou o tema da *sexualidade* que foi trabalhado até o quinto encontro. Utilizamos a técnica de *modelagem com argila*. A subdivisão em duplas era um convite à maior comunicação e intimidade entre as pessoas. Assim, uma dupla ficaria responsável por modelar o corpo de um homem e a outra, o corpo de uma mulher. A dupla que modelou o corpo feminino não desenvolveu a tarefa em conjunto, parecendo não ter conseguido um entrosamento. Durante a modelagem, o grupo demonstrou independência em relação às coordenadoras, sem pedir instruções ou orientações.

Durante este momento, percebemos uma ambivalência, marcada por certo pudor e também por descontração: ora as pessoas sorriam de um jeito envergonhado, cobrindo o rosto com as mãos, ora gargalhavam e falavam alto. Talvez o grupo estivesse regredido com a adequação da técnica ao tema, havendo uma baixa na resistência, favorecida pela atividade lúdica. Talvez a linguagem da argila levasse a racionalizar menos do que a mediação da palavra.

Conversamos, então, sobre os seus sentimentos durante a modelagem, que parte do corpo mais gostaram de fazer, qual acharam mais difícil. Foi preciso fomentar a expressão de sentimentos.

No início, a discussão ficou em um nível mais impessoal e generalizado. Buscamos, então, articular os comentários do grupo com a relação entre pais e filhos adolescentes. Assim, os pais puderam trazer depoimentos sobre questões relacionadas à vivência da sexualidade, à imagem corporal e suas dificuldades com os filhos. O grupo ouviu com atenção, discutindo e oferecendo sugestões. Uma das pessoas mostrou maior desembaraço na modelagem, dizendo que a parte que mais gostou de fazer foi o pênis. O grupo pareceu surpreso com a forma aberta com que ela falava.

O quarto encontro foi também dedicado ao tema da *sexualidade*. Sabendo que o assunto poderia gerar resistências ou constrangimentos, propusemos a "caixinha de surpresas", para que cada pessoa escrevesse perguntas em torno de assuntos como: namoro, masturbação, gravidez, aborto, doenças sexualmente transmissíveis, homossexualidade, etc. Os assuntos mais abordados foram masturbação e uso da camisinha. O grupo se envolveu, trazendo opiniões, oferecendo sugestões ou pedindo a opinião das coordenadoras. Inicialmente, as questões eram colocadas para o grupo e, em seguida, as coordenadoras comentavam ou introduziam informações e esclarecimentos na discussão.

Entretanto, muitas perguntas fugiam ao tema proposto, como "gostaria de saber se é bom ficar mais calada no local de trabalho". Talvez esse fosse o sinal de certa resistência em tratar do tema e talvez fosse uma demanda para nos aprofundarmos em outros conflitos psíquicos vividos pelas pessoas. Procuramos nos guiar, novamente, pela temática da Oficina, buscando privilegiar as perguntas sobre ela. O grupo foi receptivo à expressão das experiências individuais, com disponibilidade para ouvir, sem que ficassem se censurando. Surgiram também várias perguntas sobre limites, as quais sugerimos que fossem abordadas no encontro seguinte.

No quinto encontro, buscando uma síntese do tema proposto, retomamos alguns pontos: a) a importância da auto-estima para o amadurecimento sexual do adolescente; b) a responsabilidade do casal na prevenção da gravidez e de DST's; c) a importância de haver abertura para se passar informações aos adolescentes; d) o respeito ao ponto de vista e às decisões do adolescente; e) o esclarecimento do direito de cada parceiro de escolher se quer ou não manter relações sexuais; f) o respeito por parte dos pais, a seus próprios limites emocionais ou de informação.

Percebemos que o tema sexualidade não suscitava mais grande envolvimento do grupo que justificasse o prolongamento da discussão. Realizamos uma palestra interativa sobre doenças sexualmente transmissíveis, destacando as principais formas de contágio, os principais sintomas, as formas de prevenção e as possibilidades de tratamento.

Passamos, então, ao tema *limites*. Propusemos ao grupo uma "enc*enação*", com a técnica de *role-playing*, de uma situação da vida cotidiana em que a questão do limite aparecesse. Sugerimos que cada membro alternasse o papel, ou seja, ora fosse pai, ora filho. Inicialmente, o grupo não se sentiu à vontade para realizar a atividade. Foi necessário que as coordenadoras encenassem uma situação hipotética. A partir daí, o grupo se descontraiu. Com o envolvimento das pessoas, a técnica mostrou-se muito produtiva, permitindo abordar a vivência de cada um de forma figurativa. O grupo acolheu bem a expressão das experiências individuais, mesmo quando havia discordâncias de pontos de vista.

O sexto encontro foi integralmente dedicado ao tema *limites*. No início, as coordenadoras tiveram que incentivar a participação dos membros do grupo, que pareciam pouco participativos. A técnica escolhida foi a da *"estrela"*. Após a insistência da coordenação, o grupo trouxe para discussão diversos assuntos como disciplina e obediência. Propusemos que conversássemos também sobre autoridade, autonomia e referências morais.

Aos poucos, a discussão foi ficando mais dinâmica e produtiva. Um integrante do grupo, mais idoso, expunha seus pontos de vista com grande firmeza, chamando para si uma experiência de vida que lhe daria credibilidade. Pareceu-nos se apresentar como liderança sem, no entanto, inibir a exposição de opiniões distintas. Outra integrante, em determinadas ocasiões, era ouvida pelo grupo com reservas, possivelmente por ter posturas mais liberais do que as dos demais. Além disso, a forma provocativa como, às vezes, falava, causava incômodo, caracterizado por silêncios e pela ruptura em falas que se seguiam às suas.

Percebemos que certos termos, trazidos pela coordenação, como, por exemplo, autonomia, pareciam distantes do vocabulário do grupo. Embora tivéssemos tentado trabalhar o sentido destas palavras, o grupo não se engajou em uma discussão sobre elas, silenciando durante a exposição das coordenadoras. Ficamos apreensivas quanto à possibilidade de estarmos usando uma linguagem que não serviria de base para reflexão, por ser estranha ao grupo. Embora nossas colocações trouxessem novas perspectivas do tema, houve discrepância entre o que a coordenação trouxe e a experiência e concepção dos pais, com pedidos de esclarecimentos sobre termos e idéias como "obediência cega" e "autonomia".

O tema *limites* gerou muitas expectativas. Esse assunto é central na tarefa de educar, atravessando os demais temas que o grupo se propôs a discutir: sexualidade, drogas, agressividade. Além disso, aspectos peculiares ao grupo, como a prisão do filho de um casal integrante e o fato de ter sido a questão central que mobilizou a vinda de uma das pessoas, fizeram com que esse assunto ganhasse importância fundamental. Havia, pois, por parte dos pais, um sentimento de impotência para lidar com a questão dos limites.

Por outro lado, convém refletir sobre nossa coordenação. Talvez em uma atitude defensiva, frente à angústia provocada por essa grande expectativa em torno do tema, tenhamos buscado, em demasia, nos apoiar em informações descontextualizadas da experiência do grupo, o que culminou em menor envolvimento com as atividades propostas nesse encontro, que oscilou entre momentos de intensa e baixa produção. Ainda assim, pareceu-nos que, no processo grupal, a transferência se consolidava, favorecendo a base afetiva para reflexões e expressão de opiniões. No último encontro, ao realizarmos, a avaliação das oficinas, ouvimos que esse teria sido o melhor encontro!

No sétimo encontro, para abordar o tema de *drogas* na adolescência, apresentamos o depoimento escrito de um ex-usuário. O grupo acompanhou atentamente *a leitura do caso* e, ao passarmos para a discussão, trouxe exemplos de sua experiência familiar e da de conhecidos. Sentimos que as pessoas tinham certa necessidade de se expressar, chegando a falar ao mesmo tempo em alguns momentos. O depoimento por si só parece ter sido suficiente para mobilizar o grupo, não tendo sido necessário recorrer a nenhuma outra técnica para dinamizar a discussão.

Cabe dizer, nesse ponto, que este encontro se realizou sob condições inteiramente diversas, nos exigindo flexibilidade e capacidade de improviso. O local onde as oficinas eram realizadas, a

OFICINAS EM DINÂMICA DE GRUPO

escola onde os filhos estudavam, estava em dia de festa. Foi necessário que improvisássemos um local sem barulho. Além disso, dois dos integrantes não puderam estar presentes. O grupo se queixou da falta dos ausentes, o que nos leva a reconhecer um clima de afetividade consolidado, a presença de vínculos.

No oitavo encontro foi discutido o tema da *agressividade* e, como seria o último, foi dedicado também à avaliação do trabalho desenvolvido. Realizamos um levantamento sobre o que os participantes entendiam por agressividade e lhes pedimos que trouxessem situações que demonstrassem agressividade no cotidiano. A discussão foi produtiva, com exemplos, depoimentos e reflexões. Houve troca de pontos de vista e complementações à fala do outro. Havia um clima de conciliação, talvez porque, nesse último encontro, o grupo desejasse estar bem consigo.

De fato, percebemos que havia um sentimento de perda e a elaboração dela, claramente evidenciado pela forma carinhosa como as pessoas acolheram uma integrante, que chegou um pouco atrasada. Perguntaram-lhe sobre o estado de saúde de sua mãe que, como sabiam, estava adoentada. A integrante lamentou sua ausência no último encontro, em função deste problema, reafirmando o quanto gostaria de ter estado com o grupo.

Passamos, então, à avaliação da Oficina. Propusemos desenhar a *balança*, na qual representaríamos tanto os pontos positivos quanto os negativos do nosso trabalho. Percebemos uma forte inibição das pessoas para falar de pontos negativos. Reativamente, enfatizavam muito os pontos positivos. Insistimos para que dissessem o que poderia ser melhorado e o que acharam das técnicas utilizadas.

O grupo considerou que os principais pontos positivos foram: o encontro sobre limites; as "brincadeiras" (técnicas), principalmente a do "cego e o guia"; e o encontro sobre sexualidade, em que utilizamos a modelagem com argila. Enfatizaram ainda o envolvimento das pessoas que ficaram no grupo e a oportunidade de aprender a conviver melhor entre si. Os pontos negativos foram: barulho externo; as ausências dos companheiros de grupo; a desistência de algumas pessoas e... a promessa não cumprida pelas coordenadoras de ensinar como colocar a camisinha!

Nesse último encontro havia uma atmosfera afetuosa, tanto da parte do grupo quanto da coordenação. Houve, ainda, um último momento de confraternização e despedidas.

Considerações Finais

Avaliando o nosso trabalho, gostaríamos, também, de apresentar pontos negativos e positivos sobre a coordenação e sobre o próprio método. Acreditamos que isso só irá contribuir para o avanço tanto da teoria quanto da prática do trabalho com grupos. Como dissemos, a Oficina envolve diferentes dimensões: terapêutica, pedagógica e ética. Ao mesmo tempo, essas dimensões se entrelaçam e se limitam. Podem variar conforme o grupo, o estilo de coordenação e o contexto.

Na dimensão terapêutica, as oficinas buscam promover a elaboração de sentimentos, pensamentos e formas de agir. Falar sobre a interação com os filhos envolve falar sobre a própria vida, remete à subjetividade, favorece a elaboração. Em nossa experiência, conciliamos a reflexão sobre a relação entre pais e filhos adolescentes com os conflitos pessoais que, de algum modo, afetavam esta relação, e que giravam em torno de conteúdos ligados à infância e adolescência dos pais, sexualidade e família.

Sugerimos que, para trabalhar essa dimensão, a coordenação precisa estar atenta à linguagem, aos processos emocionais e inconscientes no grupo. Por exemplo, quando usamos termos novos sem contextualizá-los na experiência dos participantes, podemos provocar uma hiância na comunicação com o grupo. Também devemos evitar nos apoiar excessivamente em informações, o que muitas vezes denota dificuldade – ou inexperiência – dos coordenadores, suas próprias defesas. A informação não pode ser usada como barreira à escuta da experiência do grupo. Pelo contrário, deve ser adaptada às demandas grupais para que lhe sirva de motivação e reflexão. Caso contrário, o grupo pode nos colocar no lugar de donos da verdade, deixando de lado a tarefa de co-construção de conhecimentos.

Em alguns momentos, tivemos dificuldades para realizar esses princípios, em nosso grupo. Ainda assim, é preciso avaliar o global da Oficina e consideramos que ela comporta um processo flexível em que o grupo caminha dentro de graus variados de dependência/independência.

Na sua dimensão pedagógica, a Oficina é um espaço para fazer circular a palavra social, no qual a informação deve ser trazida não como uma verdade absoluta mas como bem simbólico que deve ser socializado. É necessário assim que haja articulação entre reflexão e experiência, para evitar a alienação do conhecimento tomado como uma verdade neutra e absoluta. Era isso que buscávamos em "palestras interativas", nas quais as informações deveriam ser contextualizadas na experiência.

O planejamento dos encontros foi feito de maneira flexível, junto com o grupo, que escolheu os seus temas. Procuramos mobilizar o grupo como uma rede de interação e comunicação, ressaltando os traços de identificação e a tarefa comum, colocada como projeto. Na própria escolha de temas já surgia o desafio de manter nossas intervenções dentro dos limites propostos no trabalho com oficinas, pois não se tratava apenas de transmitir informações e nem de fazer psicoterapia. Nesse sentido, a dimensão ética é que daria articulação entre a elaboração psíquica e a aprendizagem em grupo.

Alguns processos grupais, como a identificação entre membros, a ressonância entre experiências, a expressão de solidariedade, entre outros, já surgiram no primeiro encontro e marcaram o caráter do trabalho na oficina. Também elementos de competição e conflito surgiram. Às vezes, o próprio grupo encontrava a negociação. Em outras, buscávamos os diferentes pontos de vista envolvidos, fazendo com que o conflito se mantivesse dentro da estrutura do método, conscientes de que esse é um limite que ao mesmo tempo contem e possibilita o trabalho. Dessa forma, era possível mobilizar tanto identificações quanto diferenças como um recurso do grupo para seu processo de reflexão e elaboração. A flexibilidade para acompanhar a demanda do grupo sem perder a tarefa proposta é a chave para este "jogo de cintura". Ou seja, é a dimensão ética do trabalho que articula suas outras dimensões.

O maior desafio na realização de oficinas é o de escutar e reconhecer as demandas que servem de base à definição de um projeto comum, que constitui um grupo como tal. O grupo provoca inquietações, remete o indivíduo à sua história, requer uma reflexão sobre os modos de ação e de apreensão do mundo. Essa experiência traz a marca da singularidade e, ainda, a marca da grupalização, da construção e reconstrução de vínculos sociais.

O espaço do grupo requer cuidados por tocarmos na vida afetiva dos participantes. Alguns desses cuidados dizem respeito às técnicas que são propostas. É preciso que haja flexibilidade e que se esteja atento à possibilidade de algumas técnicas desagradarem, inibirem ou propiciarem reações diversas.

Ao trabalhar sua relação com os filhos adolescentes, os participantes do Grupo Um se viram às voltas com suas identificações, vínculos afetivos e, também, diferenças. Representações puderam ser revistas. Esse processo de elaboração envolveu, para além do aspecto cognitivo, os sentimentos e as formas de agir. Assim, a questão dos limites emocionais do trabalho na Oficina também precisam ser colocados.

Por fim, no processo grupal, a rede de transferências é construída, dando base afetiva para a reflexão. Se isso foi positivo, também nos mostrou que a oficina precisa reconhecer limites pois a demanda do grupo pode crescer para uma continuidade que, por razões institucionais, nem sempre é possível. Essa possibilidade que se abre a cada sujeito no grupo é, a nosso ver, ímpar, própria a cada um, devido aos limites existentes nas relações interpessoais. Caminhando nessa direção, o grupo não deve ficar detido no plano das identificações, e é fundamental uma abertura ao reconhecimento de diferenças, bem como à impossibilidade de se exterminar a angústia proveniente da relação com o outro.

Não se trata de oferecer respostas prontas para as demandas, mas de abrir um espaço à angústia que, presente nos vínculos sociais, mobiliza o grupo em direção à reflexão e à reconstrução de representações.

Bibliografia

Apresentamos aqui a bibliografia utilizada para a análise, a bibliografia de apoio em relação a técnicas de grupo, e a bibliografia de apoio para a realização de palestras interativas.

Bibliografia para análise da Oficina

AFONSO, Maria Lúcia M. "Oficinas em dinâmica de grupo: um método de intervenção psicossocial". In: AFONSO, M. L. M. (org.) *Oficinas em dinâmica de grupo: um método de intervenção psicossocial*. Belo Horizonte: Edições do Campo Social, 2000.

COREY, G. e col. *Técnicas de grupo*. Rio de Janeiro: Zahar, 1983.

ENRIQUEZ, E. "O vínculo grupal". In LÉVY, A e col. *Psicossociologia: análise e intervenção*. Petrópolis: Vozes, 1994, p. 56-69.

FREUD, S. "O mal-estar na cultura". In: *O futuro de uma ilusão, o mal-estar na cultura e outros trabalhos*. Rio de Janeiro: Imago, 1969.

p. 67-148. (Edição Standard Brasileira das Obras Psicológicas Completas de Sigmund Freud, vol. 21)

_____. "Psicologia de grupo e análise do eu". In: *Além do princípio de prazer, psicologia de grupo e outros trabalhos*. Rio de Janeiro: Imago, 1969. p. 79-154. (Edição Standard Brasileira das Obras Psicológicas Completas de Sigmund Freud, vol. 18)

PICHON – RIVIÉRE, E. *O processo grupal*. São Paulo: Martins Fontes, 1998.

Bibliografia de apoio para técnicas de grupo

FRITZEN, S. *Exercícios Práticos de Dinâmica de Grupo*. Petrópolis: Vozes, 1982, Vols. 1 e 2.

MACRUZ, F. e col. *Jogos de Cintura*. Belo Horizonte: Escola Sindical 7 de Outubro, 1992.

YOZO, R. Y. *100 Jogos para Grupos – uma abordagem psicodramática para empresas, escolas e clínicas*. São Paulo: Ágora, 1984.

Bibliografia de apoio para a realização das palestras interativas

ABERASTURY, A (Org). *Adolescência*. Porto Alegre: Artes Médicas, 1983.

BARROSO, C. e BRUSCHINI, C. *Sexo e Juventude: como discutir a sexualidade em casa e na escola*. São Paulo: Cortez, 1990.

BRASIL. Ministério da Saúde. *Normas e procedimentos na abordagem do abuso de drogas*. Brasília, 1991.

BUCHER, R (Org.) *Prevenção ao uso indevido de drogas*. Brasília: UNB, 1989. Vol. 2.

CHAVES, J. *"Ficar com"; um novo código entre jovens*. Rio de Janeiro: Revan, 1994.

ESTADO DE SÃO PAULO. Conselho Estadual de Entorpecentes. *Pense nisso: drogas*; como compreender? O que fazer? São Paulo, s/d.

GONÇALVES, B. D. *Agressividade na adolescência*. Belo Horizonte, Pastoral do Menor, 1997, mimeo.

MACHADO, Júlio César F. *Sexo com liberdade*. Belo Horizonte: Fênix, 1998.

MUSSEN e col. *Desenvolvimento e personalidade da criança*. São Paulo: Harbra, 1988.

STORR, A. *A agressão humana*. Rio de Janeiro: Zahar, 1970.

NARRAR, COMUNICAR, ELABORAR:
A EXPERIÊNCIA DO GRUPO DOIS

Maria Lúcia M. AFONSO
Cássia Beatriz Batista e SILVA*

O Grupo Dois integrou a pesquisa sobre Oficinas com grupos de pais de uma escola pública em Belo Horizonte, cujo objetivo era o de refletir sobre a experiência de ser pais e mães de adolescentes. Era de nível sociocultural médio, composto de donas de casa, professores, comerciante, agente de viagem, corretor e aposentados. A renda familiar era maior do que 10 salários mínimos e a maioria dos participantes estudou além do primeiro grau completo.

Ao descrever esta experiência, daremos ênfase à relação existente, no grupo, entre os processos de narrar, comunicar e elaborar, procurando mostrar como se deu no Grupo Dois.

O Processo Grupal

Desde o início, o grupo demonstrou interesse e autonomia para escolher seus temas, e que foram "minha história", "cotidiano", "uma situação do cotidiano na relação com os filhos", "que pai sou?", e "comunicação e conflito de gerações".

O grupo se dispunha a contar suas histórias, relacionando-as à experiência, na relação com os filhos. Esta abertura para ouvir e relatar facilitava a ressignificação de valores e atitudes, novo olhar sobre a experiência e elaboração de dificuldades. Ao reorganizar sua narrativa, em processo de comunicação, os participantes podiam desconstruir representações que sustentavam essas narrativas, buscar novos significados e se sustentar na rede de interações e transferências no grupo.

Foram realizados sete encontros, sempre animados com técnicas de dinâmica de grupo, que eram programadas no decorrer da Oficina, com temas escolhidos junto aos pais. Os dados sobre os participantes estão apresentados no Quadro 1 e a sequência de temas e encontros está descrita no Quadro 2.

---

* Cássia Beatriz Batista e Silva coordenou o grupo. Maria Lúcia M. Afonso foi supervisora. Ambas participaram na elaboração e escrita do capítulo.

QUADRO 1 – Dados sobre os participantes do Grupo Dois

Participantes				
Sexo	Instrução	Profissão	Total de filhos	Renda familiar (em sals. mín)
Homem	2º grau	Funcionário público	4	de 6 a 12
Mulher	3º grau	Professora	2	Mais de 20
Mulher	3º grau	Funcionária pública	2	Mais de 20
Mulher	3º grau	Professora aposentada	2	de 6 a 12
Mulher	2º grau	Do lar	1	de 6 a 12
Mulher	7ª série	Do lar	3	de 6 a 12
Homem	2º grau	Almoxarifado	3	de 6 a 12
Mulher	3º grau	Agente de viagem	2	de 6 a 12
Homem	2º grau	Corretor de imóveis	2	de 6 a 12

QUADRO 2 – Seqüência dos Encontros do Grupo Dois

ENCONTRO	TEMA	PARTICIPANTES	DURAÇÃO
Primeiro	Expectativas e apresentação da proposta	6	2:00 hs
Segundo	Minha história	6	2:00 hs
Terceiro	Cotidiano	6	2:00 hs
Quarto	Uma situação do cotidiano	5	2:00 hs
Quinto	Que pai/mãe sou?	4	1:45 hs
Sexto	Comunicação e conflito de gerações	5	1:25 hs
Sétimo	Avaliação e encerramento	5	1:20 hs

Construindo uma Rede de Relações

Iniciamos o primeiro encontro com o tema "*Expectativas do grupo e a apresentação da proposta de trabalho*". Visando a conhecer os participantes, de forma descontraída, usamos a técnica "*Nomes e características em cadeia*". Depois desse primeiro reconhecimento, passamos para o "*Bate-papo*", em dupla, que durou 25 minutos, permitindo que as pessoas trocassem suas expectativas e motivações em relação à tarefa. A seguir, cada um fez a apresentação do seu parceiro de bate-papo, demonstrando cuidado e preocupação em relatar de forma fiel a história do outro. Muitas vezes, havia interrupções para esclarecer e/ou completar a descrição do parceiro. A cada apresentação, as duplas escreviam, em uma cartolina, os temas de interesse a serem abordados durante a oficina, visando montar nossa programação.

Os assuntos mais destacados foram: relacionamento do casal, convivência em família, trabalho, diferenças entre os filhos, humor, agressividade, segurança, diferenças de geração e adolescência.

Uma vez integrado o grupo e realizado o levantamento de interesses, desenvolvemos a técnica "Batata quente", na qual a pergunta para cada um foi: "O que é adolescência"?

Com essa técnica, pudemos levantar as representações em relação à *adolescência*, além de possibilitar ao grupo a percepção de diferentes idéias sobre este tema. Durante a atividade, surgiram as seguintes expressões: desafio, conflito entre ser ou não ser adolescente, adrenalina, fazer tudo hoje, conflito de geração. Através da discussão dos significados dessas expressões para o grupo, e dos exemplos trazidos, refletimos sobre "ser pai ou mãe de adolescente".

Passamos, então, a um terceiro momento, trazendo informações na forma de uma *"palestra interativa"*. Os pontos enfatizados foram a adolescência como fase de mudança, suas características, contexto histórico-social, humor, crises e contradições. Procuramos oferecer informações do campo da psicologia, de forma integrada àquilo que o grupo já havia conversado sobre suas representações e experiências.

Notamos que as técnicas foram bem aceitas pelo grupo, atingindo os objetivos propostos. Entretanto, percebemos dificuldades e constrangimentos nas atividades que requisitavam escrever. As pessoas se preocuparam em apresentar letra legível e "português correto", chegando ao ponto de desistir de escrever e passar essa tarefa a outro. Também notamos embaraços em nomear e escolher as palavras ao descrever e definir *adolescência*, embaçando a clareza e compreensão das opiniões dadas.

De forma geral, no desenrolar do encontro houve envolvimento do grupo. Em sua maioria, os participantes queriam aprender coisas novas e trocar experiências, demonstrando motivação. As intervenções da coordenação foram no sentido de (a) explicar a proposta de trabalho e as atividades, (b) organizar o enquadre do grupo, isto é, tempo, número de sessões, etc, (c) possibilitar a troca de experiências e comunicação, (d) possibilitar a articulação entre representações e experiência e (e) introduzir informações sobre a adolescência que pudessem ser articuladas no grupo.

O grupo demonstrou independência no sentido de tomar iniciativas e desenvolver as atividades propostas. A liderança apresentou-se rotativa entre aqueles que mais se colocavam. Podemos considerar que a discussão do grupo foi produtiva, caracterizada pelas colocações de "sucessos" e conflitos pessoais relativos à experiência da paternagem e maternagem de adolescentes.

Mesmo sendo o primeiro encontro, as pessoas tiveram facilidade em colocar suas experiências e foram ouvidas pelos demais participantes. Apenas um casal apresentou maior resistência, relatando suas vivências mas se fechando para questionamentos. Restringiam a troca e a interação no grupo, indicando certa competitividade que nos pareceu ter causado reações de enfrentamento em outra integrante do grupo. Ela preferia compartilhar experiências com um membro do grupo que, como ela, era "legalmente separado".

Nesse incidente, podíamos já enxergar a existência de um conflito subjacente, referente às representações de casamento e família. O casal representava para o grupo o imaginário do "casal e da família tradicionalmente constituídos" criando animosidade entre os componentes que viviam situações diferentes em seus casamentos.

Justamente por não ser trabalhada, a comparação – entre as experiências singulares e a norma social – acrescida de outros conflitos interacionais latentes, geraram esse momento tenso. Podemos, aí, identificar a dialética do grupo entre os níveis sociocultural (normas), o interacional (o grupo) e o subjetivo (psíquico).

No segundo encontro, o tema escolhido foi *"minha história"*. O grupo se propôs a uma nova apresentação, devido à entrada de mais dois membros. Relataram o primeiro encontro, enfatizando o contrato.

Realizamos o *"Tic-tic-tac-bu"*, com o objetivo de integração e descontração. No princípio, os participantes se mostraram envergonhados, dizendo não ter boa coordenação motora. Entretanto, logo se implicaram na atividade, através de risos e humor.

Começamos, então, a trabalhar com a técnica *"se eu fosse um livro",* com a intenção de conhecer melhor as pessoas, permitindo a cada qual contar sua história de forma figurativa e livre.

Muitos começaram sua história pela infância, descrevendo a educação recebida dos pais e sua relação com eles. Chegaram aos dias atuais relatando experiências e ressaltando a mudança de lugar ocorrida: eram filhos e agora são pais. Contaram sobre o seu dia-dia, o tempo corrido, o pouco tempo para os filhos e para o lazer.

Tínhamos planejado realizar o *"relógio do cotidiano"*, porém sugerimos que o grupo fizesse essa atividade em casa e trouxesse o "relógio" para o próximo encontro. Seguimos com a *"palestra interativa"*, com o tema *" A família, hoje"*, na qual enfatizamos as novas formas familiares, o cotidiano, o relacionamento do casal, a paternidade e a maternidade contemporânea e a adolescência.

Os participantes ofereceram casos e observações, articulando as informações com suas vidas. Recordaram suas experiências como adolescentes e refletiram sobre o papel de pais e mães, o que os aflige nesse papel, em uma época em que a família mudou tanto. Destacaram as diferenças de sua socialização. Disseram frases como: *"hoje as mulheres trabalham fora, você é que escolhe o marido"; "os filhos correm mais riscos nas ruas por causa da violência"; "os filhos são influenciados pela televisão e colegas da escola"; "os pais estão inseguros, os pais não sabem se estão agindo corretamente"; "os pais se perguntam como educar e colocar limites"*.

O grupo mostrava independência em relação à coordenação, avançando na tarefa. As pessoas ouviam-se, com atenção, umas às outras, fazendo perguntas e esclarecimentos, com facilidade para expor suas idéias. Alguns tentaram monopolizar a fala. Nesse momento, a coordenação interveio, por meio de perguntas dirigidas, buscando garantir espaço de participação para todo o grupo. O encontro foi produtivo no sentido de unir reflexão e experiência.

Articulação da Reflexão e da Experiência por meio de Identificação e Diferença

No terceiro encontro, o tema foi o cotidiano. Nossa primeira atividade foi a "Situação no espaço", para integrar e aguçar a percepção de si e do outro no espaço. Essa atividade sensibilizou as pessoas para observarem o espaço que ocupam, provocando, em alguns, medo de esbarrar e machucar o colega e, em outros, segurança, pois conheciam a sala e sabiam quem estava ao seu lado.

Notamos, porém, que o grupo mostrou-se desconfiado ao utilizar a linguagem não-verbal, que exigia maior contato físico. Um dos componentes relatou que *"com o homem ao seu lado foi mais tranqüilo, já com a mulher do outro lado, temeu encostar em algum lugar... assim... sem ver... né?!"*

A seguir, desenvolvemos a técnica "*Se eu fosse um bicho", buscando incentivar* maior conhecimento entre os participantes, de forma lúdica. Pela metáfora do nome de um bicho, ao qual associavam características humanas com que se identificavam, as pessoas acabavam por dizer de si. O valor metafórico da técnica facilitava os depoimentos, como: "*queria ser um pássaro para voar, estar no alto, no céu, livre".*

Após enfatizarmos a dimensão do espaço, passamos a refletir sobre o tempo, através da técnica do *"*Relógio do cotidiano*",* proporcionando uma reflexão sobre o dia-a-dia de cada um e sua interação com o tempo e os espaços sociais. Como nem todos haviam trazido o relógio pronto, a atividade foi repetida. Os pontos principais giraram em torno da falta de tempo para convivência, com um excesso de tempo dedicado ao trabalho. Isso se evidenciava em falas, como: "*gostaria de ficar mais com meus filhos; trabalho demais; no fim de semana só quero ficar quieta em casa; só tenho tempo para mim quando vou ao salão".*

Duas participantes mostraram resistência à atividade. Uma havia se aposentado há pouco e alegava *"não ter nada durante o dia",* o que a incomodava muito. Outra, dona de casa, dizia que o seu dia era ocupado apenas com "*coisas de casa".* Em um primeiro momento, nos pareceu que não estavam conseguindo refletir sobre o cotidiano, como em uma posição depressiva, se recusando à atividade. Porém, durante a apresentação, elas se dispuseram a falar, explicando que "*fazem muita coisa.. só que não aparece".* O desenho era uma linguagem muito crua para expressar – fazer aparecer – essa situação que lhes era penosa.

De fato, o *"relógio do cotidiano"* envolve tanto a dificuldade de representar graficamente – e de uma forma cognitivamente organizada – a rotina do dia a dia quanto aquela de se confrontar, emocionalmente, com os elementos dessa rotina que são conflitivos e desgastantes para o sujeito.

Nossas intervenções foram no sentido de explorar os recursos da técnica (metáfora, visualização da rotina, etc), propondo refletir sobre a organização e a priorização de nossas atividades cotidianas. Propiciamos o debate pedindo explicações e exemplos das tarefas diárias e também nos preocupamos para que todos pudessem falar, lembrando o grupo da importância de escutar uns aos outros.

Percebemos que a recusa em fazer o " relógio do cotidiano", como no caso das duas participantes já mencionadas, nos apontava para uma resistência que se manifestava como bloqueio cognitivo, isto é, como dificuldade de relacionar a técnica com a experiência. Percebemos, também, que esses mesmos participantes mostravam, na continuidade da atividade, dificuldades de troca e diálogo.

Outra observação importante foi relativa a um conflito emergente entre duas participantes em torno de seus papéis sociais: uma, dona de casa casada, e, outra, divorciada, que trabalha fora de casa. Enquanto a primeira se referia à casa, aos filhos e ao marido, que "estava tudo ótimo", a segunda não gostava de cuidar da casa e tinha uma vivência diferente com casamento e filhos. A diferença de experiência entre elas era vivida de forma conflitante, como se a vida de cada uma negasse a validade da vida da outra. As duas deixaram claras suas posições discordantes. O grupo foi capaz de ouvir a diferença e conseguiu negociá-la para que não chegasse a atrapalhar a sua reflexão, isto é, a sua tarefa.

A questão de gênero e modelos de família ficava evidenciada, deslanchando um processo de identificação do grupo, por meio de opiniões diferenciadas. As outras mulheres do grupo contornaram a situação, criando um meio termo: gostam de casa e de viver bem com o marido tanto quanto de trabalhar fora e buscar a realização profissional. Uma delas chegou a "confessar" que gostaria muito de "ficar por conta da casa", mas "não tinha condições". Completou dizendo admirar muito o trabalho da dona de casa, lugar que não conseguiria ocupar. Concluíram que não era preciso polarizar, que era possível achar um meio termo e negociar as diferenças. O grupo mostrou-se, então, sensibilizado com "a questão da mulher".

Vale notar que, diante de um casal – o único no grupo – que interrompia diversas vezes a fala de outros, oferecendo-se como modelo de família, a coordenação ficou um pouco impaciente. Talvez porque discordássemos de sua posição em relação ao modelo ideal de casamento. Sentimos dificuldades em dinamizar o grupo, pois tínhamos receio de conduzir a discussão de forma impositiva, trazendo em contra-argumentação os nossos próprios valores. É muito relevante dizer que o próprio grupo nos tirou dessa dificuldade, na medida em que questionou o modelo do casal ideal. Na relação com a coordenação, o grupo era capaz de encontrar espaço para expressar suas opiniões divergentes.

A possibilidade de trocarem experiências, articulando-as com suas reflexões, reconhecendo identificações e diferenças estava visível nesse grupo.

Uma "situação do cotidiano" foi o tema que, no quarto encontro, deu continuidade ao terceiro. Para aquecer o grupo e facilitar a inserção das pessoas em uma atividade criativa, utilizamos a técnica *"Passeio na floresta"*. Porém, apenas algumas pessoas se envolveram, criando situações imaginárias a partir das instruções. Interessante notar que, embora houvesse um clima de descontração, a princípio, algumas pessoas passaram a se mostrar inibidas, após. Logo, as outras também se viram inibidas. Os objetivos de descontração e criatividade não foram alcançados mas, mesmo assim, o grupo disse que associou a técnica com situações agradáveis.

Fizemos uma retrospectiva dos encontros, destacando o que já havia sido visto, o que faltava dentro do planejamento feito e o que mais gostariam de abordar. Essa "parada" foi importante para notar como o início, o meio e o fim da oficina estão ligados entre si e, também, para permitir uma avaliação que possibilitaria mudanças ou acréscimos. Dissemos que novos temas poderiam ser acrescentados, mas o grupo preferiu seguir o que já havia planejado.

Passamos, então, a fazer a "estrela de cinco pontas", que propiciaria a reflexão sobre temas escolhidos dentre uma série de situações: (a) conflito entre gerações, (b) relacionamento do casal, (c) convivência familiar, (d) tempo para os filhos, (e) hora do trabalho, (f) eu comigo, (g) vida profissional. Cada participante escolheu dois temas, neles explorando suas atividades cotidianas, o tempo a elas dedicado, o interesse, os espaços a que estão relacionadas, etc. Colocaram também atividades que gostariam de realizar, futuramente, ressaltando os passos para alcançá-las.

Uma das mães limitou-se a descrever situações sem diferenciar entre o que pensava, sentia ou fazia na atividade em questão. A participante havia escolhido o tema "convivência familiar" mas a sua escolha estava por demais carregada de ambivalência e conflitos que ela não conseguiu prosseguir. A escolha de um tema freqüentemente está associada a aspectos conflitivos. O participante consegue prosseguir no seu questionamento, dependendo de seu investimento na atividade e seu desejo de enfrentar a questão. Mesmo que com tropeços, que evidenciam resistências psíquicas, o desejo de enfrentar a questão fará com que a pessoa insista em sua análise.

Nesse processo de reflexão, o grupo optará por temas que lhe tragam desafios, e esses são justamente os que envolvem conflitos. A escolha de um tema sem essas implicações constitui-se "escolha mecânica". Nesse caso, a reflexão produzida se configura mais como uma racionalização, despida de investimento emocional, ou de traços de lembranças ou mesmo de indagações atuais que inquietam os sujeitos.

No grupo, as pessoas colocaram dilemas e conflitos que estavam vivendo. Isso trouxe também alguns conflitos dentro das relações no grupo – disputa pela fala, impaciência para ouvir. Um momento de tensão foi gerado com a interrupção de uma participante por outra. Tentamos incentivar a que havia sido interrompida a continuar, mas ela se recusou.

Então, propusemos uma técnica que não havíamos planejado. Todos a aceitaram prontamente, provavelmente como uma forma de aliviar a tensão no grupo. Para nós, esse alívio não era uma fuga, mas sim uma maneira de facilitar a mediação daquele conflito e poder retomar a tarefa.

Desenvolvemos o "Nó humano" e, a partir desta técnica, mobilizamos o grupo para a reflexão sobre o trabalho coletivo. Após a interrupção relatada, o grupo se mostrava um pouco fragmentado. A técnica proposta permitiu aos integrantes voltar a reconhecer a existência de um grupo, no qual as pessoas poderiam trocar. Naquele momento, preferimos reafirmar o vínculo do grupal.

Envolvendo-se em uma atividade reflexiva, o grupo iniciou um processo de escuta uns dos outros. Havia ansiedade e mesmo, em alguns momentos, corte na comunicação. Nesses casos, alguns membros retomavam a fala, ofereciam conselhos, voltavam aos seus relatos ou mesmo silenciavam. A comunicação podia ser interrompida quando alguém não se sentia "ouvido" ou quando os relatos ficavam menos densos, sem implicação do narrador. Outras vezes, a experiência relatada captava atenção e reflexão. Essa sessão foi densa de depoimentos e trocas, contribuindo para uma articulação entre experiência e reflexão.

A Elaboração da Posição na Relação com os Filhos Adolescentes

No quinto encontro, prosseguimos com a reflexão sobre o tema "que pai/mãe sou?". A primeira técnica proposta foi o "*Cego e guia*" visando colocar em evidência toda a gama de elementos envolvidos no estabelecimento de confiança, segurança e responsabilidade nas relações interpessoais. Todos se descontraíram ao participar da "brincadeira". A atividade estimulou a discussão. Acharam mais fácil estar no papel do "cego" do que do "guia", pois "guiar requer muita atenção e responsabilidade". Uma das integrantes comparou a técnica com sua vida, levantando situações nas quais ela se põe como "cega" e outras nas quais atua como "guia". Citou a relação com filhos, do casal e no trabalho, refletindo como muda de lugar em diferentes situações.

Os outros membros do grupo lembraram casos de deficientes físicos, e suas sensações e percepções do mundo. Interessante notar esse tipo de associação que remete a uma realidade mais "concreta", isto é, a uma interpretação mais literal do conteúdo da brincadeira. Sendo a técnica uma metáfora, a interpretação mais produtiva é aquela baseada na imaginação criadora, em que vários significados são explorados a partir da experiência. As interpretações muito literais também evidenciam resistências envolvidas na dificuldade de imaginação. Por outro lado, uma associação muito carregada de emoções também traz dificuldades, no sentido de exigir maior aprofundamento em conflitos. Por exemplo, um dos integrantes ficou tenso no papel do "cego", relatando, depois, que não conseguia ficar no escuro.

Entre as diversas formas de implicação de cada participante com as técnicas propostas, o grupo vai decodificando a relação metáfora-vida e, assim, construindo uma reflexão ancorada na vivência e na condução que a coordenação imprime ao encontro.

A segunda técnica foi "que pai/mãe sou?" objetivando abordar a relação dos pais com os filhos. Aproveitando os recursos da técnica, identificamos posturas possíveis na relação dos pais com seus filhos: "deixa tudo", "carinhoso", "controla tudo" e "nervoso". Essas "posturas" foram inspiradas na definição de liderança na teoria de grupos: autoritário, democrático e o *laissez-faire*. Introduzimos as posturas "carinhoso" e "nervoso" para contemplar o aspecto afetivo da relação.

Em primeiro lugar, os integrantes do grupo escolheram a postura que melhor os descrevia e relataram situações cotidianas ligadas à preocupação com os filhos, os limites, os diálogos, demandas e grau de liberdade.

Os homens do grupo, no primeiro momento, não concordaram com o tipo de pai que encaixava com suas atitudes: "autoritário" e "afastado". Alegaram ser "democráticos", e começaram a relatar outras experiências que não tinham levantado, como passeios ou diálogos. Depois de algum tempo, o pai "afastado" confirmou que está *"meio afastado dos filhos, mesmo"* e que *"a mãe está mais próxima"*, pois ele *"trabalha o dia todo e não sobra muito tempo"*. O pai "autoritário" discordou do resultado da técnica, mesmo com sua mulher afirmando que ele era autoritário. As mães concordaram com os resultados: "super-protetora" e "democrática". A mãe "super-protetora" disse: *"cuido mesmo, dou razão e converso com o pai a favor deles... mas a decisão é do pai"*.

Fizemos o quadro dos pais e mães do grupo, usando as suas próprias designações de "autoritário", "democrático" e *"laissez-faire"*. Olharam para o quadro, demoradamente, pensativos. Concluíram que todos têm um pouco de cada tipo, variando conforme a situação.

No sexto encontro, continuamos com o tema "Comunicação e conflito de gerações". Começamos com a *"Interação em silêncio"*, com a intenção de sensibilizar para novas formas de comunicar e interagir. No princípio, o grupo estranhou a técnica mas se esforçou para compreendê-la e participar. Notamos que as pessoas tiveram dificuldade em usar gestos para se expressar. Mas, com o passar do tempo, elas foram se descontraindo, ficavam em pé e riam muito. Sem comentários, passamos direto para a *"estátua mensagem"* que tinha o mesmo objetivo da primeira técnica. Durante as duas atividades, notamos uma certa dificuldade das pessoas em tocar nas outras.

Quando comentamos as duas técnicas, o grupo observou que cada um teve um entendimento diferente, tanto das mensagens não-verbais quanto das estátuas. Comentaram sobre as dificuldades de se comunicar, ser compreendido e compreender. Trouxeram exemplos de sua comunicação com os filhos e com o cônjuge.

Seguimos então com a *"associação livre"*, visando abordar a adolescência de cada participante e de seus filhos. Os temas-geradores foram: *"Minha adolescência"* e depois *"Meu filho adolescente"*.

A partir das contribuições do próprio grupo, montamos, no quadro negro, duas colunas: adolescência ontem e adolescência hoje. A coluna *adolescência hoje* continha as seguintes palavras: desafiador, intolerante, teimoso, difícil, agressivo, preguiça, solto, passear, mais comunicação, terrível, alegre, estudioso, companheiro, viagens, nervoso, legal, responsável, compreensivo, comportado, inteligente, forte, saúde, Deus, família, e é lindo. Já para *adolescência ontem* surgiram: ótima, travessura, namoro, estudo, esporte, brincar, sair, alegria, paz, viagens, famílias, saúde, Deus, presa, cantar, rebelde, desafio, atrevida, aproveito, comporta, amigos, papo, saudades.

Pela comparação das palavras e das associações, os participantes pensaram as diferenças e semelhanças entre as gerações, o que viveram e o que os filhos vivem, mudanças e permanências. Refletimos, então, sobre a comunicação entre gerações. Finalizamos com um debate sobre as mudanças vividas pela família. Os participantes foram articulando nossa fala com relatos sobre sua adolescência: brincadeiras, bailes, proibições, travessuras e namoros. Houve mais facilidade para trocar experiências do que para aprofundar a questão da comunicação com os filhos. Racionalizavam para justificar suas atitudes atuais: *"Tem que ser assim, hoje o mundo é muito violento"* ou *"A criação é muito diferente, eu não respondia meu pai, respeitava"*.

Avaliação do Grupo e Elaboração do Fim da Oficina

No sétimo encontro, procedemos à avaliação e elaboração do fim da Oficina. Utilizamos a técnica da *"Balança"* para rever assuntos e passos importantes, ao longo dos encontros. Todos falaram muito e avaliaram positivamente a experiência. Os pontos negativos se referiram a aspectos exteriores ao grupo, como o barulho da escola. Perguntaram sobre a nossa avaliação do encontro, demonstrando o desejo de continuidade. Falamos que tínhamos gostado muito do grupo e que achamos que a experiência foi rica.

Passamos para a *"Troca de bilhetes"* que facilitou a expressão dos sentimentos do grupo no momento de despedida. Todos se concentraram na tarefa e alguns escreveram mais de um recado, mesmo apresentando dificuldades em escrever, que eram manifestadas verbal ou gestualmente: olhando para o teto, balançando a caneta, mordendo a boca, mão no queixo. Fizemos a entrega dos recados que continham principalmente agradecimentos. Todos receberam recados. Durante as despedidas, trocaram telefones. Esse encontro foi o único em que percebemos um pouco de dependência do grupo em relação à coordenação. Como era nossa despedida, também, nos colocamos mais, falando do processo e conclusão de um grupo.

Os pontos positivos foram: trocas de experiências, troca de idéias, crescimento pessoal, mudanças de conceitos e pontos de vista, aprendizagem de novas informações, reflexões sobre o dia a dia. As pessoas tiveram facilidade em colocar suas experiências vividas ali, fazendo, coletivamente, uma revisão dos pontos abordados nos encontros. Alguns refletiram sobre as mudanças que foram ocorrendo consigo e em casa, a partir da Oficina, como: *"Tenho tentado entender mais meus filhos e conversar mais com meu marido, não deixar as coisas para depois".*

O grupo percebeu que para se relacionar melhor com os filhos é importante refletir sobre o lugar de pai e de mãe, o que implica em trabalhar seus medos e dúvidas, a relação com o cônjuge, a infância, adolescência e socialização que tiveram e a comunicação que estabelecem com os familiares. Concordaram que não há um "manual" ou forma ideal para lidar com os filhos, e que, embora a informação seja importante, precisam também aprender no cotidiano, com a própria experiência.

Conclusão: Decodificando a Relação Metáfora-vida

Desde o início, esse grupo demonstrou interesse e autonomia para escolher seus temas, abertura para trocar experiências e buscar uma reflexão articulada.

Ao reorganizar a sua narrativa, na comunicação em grupo, os participantes podiam desconstruir representações que sustentavam suas narrativas, buscar novos significados sem perder o fio da meada da vida e se sustentar na rede de interações e transferências no grupo.

Esse processo foi possível porque o grupo conseguiu se manter como grupo de trabalho diante de conflitos subjacentes.

Havia diferentes pontos de vista, muitas vezes conflitantes. Houve momentos de tensão mas o grupo conseguiu recordar e refletir, comparando os valores com que haviam sido socializados e os que viviam de forma contraditória nos tempos atuais. A reflexão se tornava mais difícil quando as emoções eram mais dolorosas, o que podia ser enfrentado no próprio processo de comunicação no grupo, na medida em que os participantes serviam de "espelhos", isto é, de identificação, uns para os outros.

Uma certa tendência a racionalizar e intelectualizar foi atenuada pela mobilização de sentimentos. A reorganização das representações exige superar a racionalização, naquilo que ela tem de estereotipia. A reflexão em grupo estimula a mudança de focos de percepção e significação.

Houve também as dificuldades de reflexão associadas às dificuldades dialógicas, amalgamadas a sentimentos e representações. A escolha de temas está, frequentemente, associada a conflitos que precisam ser enfrentados. A elaboração depende do desejo e da disponibilidade dos participantes para enfrentar suas resistências diante desses conflitos. O grupo é um campo social em que isso se torna possível porque instigante e mobilizador.

A rede de comunicação e transferência no grupo é fundamental para manter vivo o desejo e enfrentar o medo das mudanças. Na relação com a coordenação – incluindo o uso de técnicas – o grupo vai decodificando a relação metáfora-vida e construindo uma reflexão, ora prazeirosa ora penosa, mas sempre ancorada na experiência. O importante é que caminhe com o seu desejo e seus recursos.

Bibliografia

Apresentamos aqui a bibliografia utilizada para a análise, a bibliografia de apoio em relação a técnicas de grupo, e a bibliografia de apoio para a realização de palestras interativas.

Bibliografia para análise da Oficina

AFONSO, Maria Lúcia M. "Oficinas em dinâmica de grupo: um método de intervenção psicossocial". In: AFONSO, M. L. M. (Org.). *Oficinas em*

dinâmica de grupo: um método de intervenção psicossocial. Belo
Horizonte: Edições do Campo Social, 2000.

BERSTEIN, M. "Contribuições de Pichón-Rivière à psicoterapia de
grupo". In: OSÓRIO, Luiz Carlos e col. *Grupoterapia hoje*. Porto Alegre:
Artes Médicas, 1986, p. 108-132.

BION, W. R. *Experiências com grupos: os fundamentos da psicoterapia
de grupo*. Rio de Janeiro: Imago, Editora da Universidade de São Paulo,
1975.

BRAIER, E. A . *Psicoterapia breve de orientação psicanalítica*. São
Paulo: Martins Fontes, 1986.

ENRIQUEZ, E. "O vínculo grupal". In: LÉVY, A e col. *Psicossociologia:
análise e intervenção*. Petrópolis: Vozes, 1994. p. 56-69.

MAILHIOT, G. B. *Dinâmica e gênese dos grupos*. São Paulo: Livraria
Duas Cidades, 1991.

PICHON – RIVIÉRE, E. *O processo grupal*. São Paulo: Martins Fontes,
1998.

Bibliografia de apoio para técnicas de grupo

FRITZEN, S. *Exercícios práticos de dinâmica de grupo*. Vols. 1 e 2.

MACRUZ, F. e col. *Jogos de cintura*. Belo Horizonte: Escola Sindical 7 de
Outubro, 1992.

YOZO, R. Y. *100 Jogos para grupos – uma abordagem psicodramática
para empresas, escolas e clínicas*. São Paulo: Ágora, 1984.

Bibliografia de apoio para realização das palestras interativas

ABERASTURY, A. (Org). *Adolescência*. 2ª Ed. Porto Alegre: Artes
Médicas, 1983.

AFONSO, Maria Lúcia M. *A polêmica sobre adolescência e
sexualidade*. Belo Horizonte. Tese de Doutorado, Faculdade de
Educação, UFMG, Belo Horizonte, 1997.

REFLEXÕES SOBRE O PAPEL DA COORDENAÇÃO:
A EXPERIÊNCIA DO GRUPO TRÊS

Maria Lúcia M. AFONSO*
Cássia Beatriz Batista e SILVA*
Juliana Mendanha BRANDÃO*
Ana Paula Barros CHAVES*

Nesse artigo, relatamos a experiência de um dos grupos de pais de adolescentes, em nossa pesquisa sobre a aplicação da metodologia de Oficinas em diversos contextos. Ao falar desta experiência, vamos enfatizar o papel da coordenação. Partimos do princípio de que o papel da coordenação está relacionado à estruturação dos processos grupais na oficina, com o acompanhamento das demandas do grupo e da tarefa. O papel do coordenador é facilitar a expressão e as trocas dialógicas, a circulação da palavra, as articulações entre reflexão e experiência, a análise das resistências à tarefa, o reconhecimento e negociação de conflitos, a dinamização da rede de comunicação e dos processos de cooperação e aprendizagem. A experiência do Grupo Três foi muito rica, neste sentido, pela sua trajetória que incluiu 3 momentos: envolvimento, resistências, envolvimento.

Demanda e Formação do Grupo

Os grupos de pais foram formados a partir de uma palestra que realizamos em uma escola pública, sobre a relação entre pais e filhos adolescentes, ocasião na qual explicamos a nossa proposta e abrimos inscrições para as Oficinas. Assim, a demanda foi motivada pela palestra, mas também acompanhou o desejo e a escolha dos pais.

Dentre os cinco grupos formados, três eram de nível sociocultural baixo, um de nível médio-alto e um misturava os dois níveis sócio-culturais. O "Grupo Três" foi formado por seis mães de

---
* Juliana Mendanha Brandão e Ana Paula Barros Chaves coordenaram o grupo. Maria Lúcia M. Afonso e Cássia Beatriz Batista e Silva foram supervisoras. Todas participaram na elaboração e escrita do capítulo.

adolescentes, de nível sócio-econômico baixo, ocupando serviços de costura, auxiliar de enfermagem, faxineira, sacoleira e donas de casa. No decorrer de oito encontros foram abordados os temas: "adolescência", "obediência e limite", "adolescência ontem e hoje", "sexualidade", "ficar com", "drogas", "agressividade".

A descrição geral do grupo, com o número e características dos participantes encontra-se no quadro 1. A sequência dos encontros, com os respectivos temas, e duração, está descrita no quadro 2.

QUADRO 1 – Participantes do Grupo Três

Participantes				
Sexo	Instrução	Ocupação	Total de filhos	Renda familiar
Feminino	8ª série/1º Grau	Auxiliar de enfermagem	3	até 5 salários
Feminino	2º grau	Serviços gerais	4	até 5 salários
Feminino	8ª série/1º grau	Dona de casa	3	até 5 salários
Feminino	8ª série	Costureira	3	até 5 salários
Feminino	3ª série/1grau	Sacoleira	2	até 5 salários
Feminino	8ª série/1º grau	Licença por invalidez	3	até 5 salários
Feminino	7ª série/1º grau	Dona de casa	4	até 5 salários

QUADRO 2 – Temas e seqüência dos encontros do Grupo Três

ENCONTRO	TEMA	DURAÇÃO
Primeiro	Apresentação e Adolescência	1:40hs
Segundo	Obediência e limite	1:50 hs
Terceiro	Adolescência ontem e hoje	1:45 hs
Quarto	Sexualidade	1:30 hs
Quinto	Sexualidade e adolescência	1:40 hs
Sexto	Drogas	1:30 hs
Sétimo	Agressividade e adolescência	1:40 hs
Oitava	"Ficar com" e avaliação	1:30 hs

Maria Lúcia M. Afonso (Org.)

O Processo Grupal

Por meio da descrição dos oito encontros dessa Oficina, procuramos dar relevo àquelas questões que envolveram a relação da coordenação com o grupo e, ainda, dos movimentos de reflexão e elaboração no grupo. Esse grupo teve, no início, um envolvimento grande com as atividades e uma grande disposição para refletir. Em um segundo momento, suas resistências afloraram e a coordenação se colocou várias questões sobre a sua condução. Em um terceiro momento, o grupo conseguiu retomar o seu processo, abrindo-se para a conexão entre experiência e reflexão.

Primeiro Momento: O Desejo de Iniciar a Tarefa e Formar a Rede do Grupo

Objetivando integrar os componentes do grupo nesse primeiro encontro, iniciamos com a técnica *"Nome e características em cadeia"*, que foi aceita de maneira alegre e atenta pelo grupo.

A seguir, para conhecer os interesses e motivações dos participantes foi aplicada a técnica *"bate-papo em dupla"*. O grupo demorou para se organizar em duplas. Talvez estivesse estranhando a forma de condução, novidade para o cotidiano dos participantes. Talvez fosse uma maneira de manifestar que a demanda lhe provocava, ao mesmo tempo, desejo e ansiedade. Entretanto, ao fazer as apresentações, os participantes mostraram-se envolvidos. Com base dos relatos, apareceram as primeiras identificações.

As mães disseram que procuraram a oficina em busca de orientação para se relacionar com os filhos e escolheram, como temas de interesse: agressividade ("os filhos, de repente, estouram"); os limites ("o problema vinculado a bater em filhos grandes"); o trabalho dos filhos (se devem ou não trabalhar); questões do início da vida adulta (insegurança em "soltá-los ou prendê-los demais"; "os perigos do mundo como as drogas e a violência"); as estruturas familiares (parceiros afastados, diferentes valores); sexualidade ("como falar de sexo com meu filho") e relacionamento entre irmãos.

Uma das integrantes tomava a palavra com freqüência e por muito tempo. Nessas ocasiões a coordenação buscou possibilitar também que as demais pessoas falassem. Consideramos que o monopólio da palavra não era expressão de liderança. Finalizamos o encontro com uma "*palestra interativa*" sobre adolescência, que ia sendo complementada pelos componentes do grupo com exemplos de sua experiência. Com base em um desses exemplos foi escolhido o tema do encontro seguinte, que versou sobre *Limites*.

Iniciamos o segundo encontro com duas técnicas que poderiam levantar a discussão sobre a questão dos limites e da confiança dentro das relações: *"Situação no espaço"* e *"Cego e guia"*. O grupo se envolveu e passamos a comentar os sentimentos mobilizados pelas técnicas: serem guias, obedecer e desobedecer, dificuldade em confiar no outro e em guiar, sensação de liberdade. Relacionamos a situação com aquelas vividas nas relações com os filhos como não querer arrumar a cama, chegar em casa após horário estabelecido, sair de bicicleta escondido ou não ajudar nas tarefas domésticas.

Tendo iniciado essa reflexão, propusemos a técnica "*Que pai/mãe sou?*", a partir da qual as mães podiam se pensar como mais autoritárias, democráticas ou permissivas, dentro de situações variadas do cotidiano. O grupo apresentou facilidade em expor opiniões e dilemas, que eram compartilhados. As participantes faziam muitas perguntas para as coordenadoras ao mesmo tempo em que também se empenhavam em dar opiniões e sugestões entre si.

No terceiro encontro, o grupo quis discutir o tema "adolescência ontem e hoje", como uma forma de comparação entre o que havia vivido e o que os filhos vivem hoje, nessa fase da vida. Iniciamos com os "*Balões no ar*", para um clima de descontração. Tivemos, então, o propósito de propiciar um *Bate-papo* sobre brincadeiras, infância e adolescência. A princípio, as mães se esquivaram dizendo "não me lembro nada". Mas, em seguida, as lembranças começaram a surgir. No momento em que o grupo se negou à atividade, nós, coordenadoras, nos sentimos inseguras. Não estávamos conseguindo estabelecer a passagem de uma a outra atividade. O que estaria acontecendo?

Foi um momento importante para nos sensibilizarmos sobre a atuação da coordenação. Percebemos que a passagem entre uma e outra atividade no grupo precisa ser construída junto com o grupo, isto é, não precisa estar "pronta de antemão".

A coordenação pode sugerir atividades e procurar trabalhar a sua simbologia. Mas, para que isso funcione, a simbologia precisa estar conectada com a experiência do grupo e ser por ele reapropriada, de acordo com o seu processo. Assim, a seqüência "dá certo" dependendo da sua incorporação pelo grupo. Em vez de se prender a uma seqüência rígida, a coordenação deve estar aberta para as adaptações e propostas trazidas pelo grupo.

Ainda nesse dia, as participantes desenharam dois corpos humanos, nos quais foram escrevendo as características da "*Adolescência ontem e hoje*". A atividade provocou risos e brincadeiras: "cuidado onde você passa o pincel", dizia uma mãe à outra que passava o pincel entre as pernas de um dos corpos desenhados. A possibilidade de brincar com temas que geram ansiedade facilita o envolvimento e atenua as resistências. Também nós, coordenadoras, pudemos ficar menos ansiosas nesse final de encontro.

Com o levantamento de características da adolescência vivenciadas pelos pais e pelos filhos, construímos um "*quadro comparativo*", classificando pontos positivos e negativos, na opinião das participantes, sobre a adolescência "ontem e hoje". Elas falaram de suas dificuldades em classificar tais pontos, uma vez que as suas referências mudavam.

A partir do relato de cada mãe, o grupo levantou uma história pertinente à sua geração. A possibilidade de confrontar essas histórias, e entender a sua trama no grupo, facilita rever a lógica interna de suas representações. É um processo difícil porque toca nas identidades. Porém, na medida em que os participantes podem rever, recontar e reavaliar, começam a reorganizar uma narrativa sobre si mesmos, de onde surgem elementos para a reflexão sobre a sua relação com os filhos. Os relatos foram carregados de emoções.

O grupo comparou as relações entre pais e filhos hoje e quando eram adolescentes. Por exemplo, rememoraram situações em que mentiram para seus pais. Mas sempre encontravam argumentos para justificar o fato de mentirem quando eram adolescentes e, ao mesmo tempo, censuravam os filhos quando eles mentiam. Nesse momento, uma das participantes do grupo introduziu um elemento de descontinuidade nessa lógica, criticando os seus colegas, dizendo que nunca e ninguém deveria mentir. O clima no grupo se tornou tenso, como se os participantes se sentissem censurados. Ainda que a atitude daquela participante soasse um pouco autoritária, serviu para desnudar contradições e fazer pressão para que o grupo se dispusesse a rever a sua lógica diante da "mentira".

Uma das participantes se destacou ao ocupar um lugar de organizadora das idéias do grupo anotando a discussão. A coordenação manteve a sua função de facilitação.

Segundo Momento: Enfrentando Dúvidas e Contradições sobre a Rede Grupal

No quarto encontro, o tema era *sexualidade*. O aquecimento foi realizado com a técnica do "*Nó humano*". O grupo se envolveu bastante e uma mãe disse que "ensinaria para seu filho essa ´brincadeira´".

Em seguida, passamos para a modelagem do corpo humano. A princípio, mostraram "nojo" em tocar a argila, mas depois se implicaram na atividade. É interessante notar esse movimento de negação inicial e de superação, presente também em outros momentos dessa e de nossas outras oficinas. A coordenação precisou adotar uma atitude mais ativa diante do grupo, fazendo perguntas e solicitando participação para que o grupo se envolvesse com a técnica.

Perguntaram se fariam os bonecos com ou sem roupa. Discutiram as cores para pintar os bonecos, variando-as para os bonecos femininos e masculinos. O grupo se prendia mais aos aspectos concretos da atividade. Evitava fazer conexões e com outras situações. Os bonecos foram feitos com afinco, mas sem muita reflexão.

Visando facilitar a discussão, aplicamos a técnica da "*Estrela de cinco pontas*", com temas variados da sexualidade na adolescência: semelhanças e diferenças da educação de filho e de filha, se os pais devem dar informações e facilitar o acesso aos métodos contraconceptivos, masturbação, iniciação sexual. De novo, percebemos pouca reflexão e um pouco de resistência do grupo.

É difícil dizer qual o limite entre a dificuldade cognitiva e a resistência psicológica ao tema. A linguagem utilizada pelos componentes do grupo, nesse encontro, era mais descritiva e superficial, se referindo de uma maneira geral "às pessoas", sem personalizar a experiência e nem contextualizá-la.

O tema "sexualidade" envolve tabus culturais o que gera dificuldades de comunicação. Isto se mostrou, por exemplo, quando uma componente do grupo disse duvidar que a filha adolescente de outra participante, fosse virgem ainda, usando a expressão "só por milagre". Esse diálogo gerou tensão no grupo, bloqueando a discussão, até que outra pessoa interviesse dizendo que procurava "conversar tudo com os filhos". O foco de tensão, que estava sobre a questão da virgindade, foi desviado para uma atitude mais "benevolente" que igualava a todos na posição de "pais compreensivos".

Nesses momentos, a coordenação precisa decidir se deve insistir e explorar a questão que gerou tensão no grupo ou se flui com o grupo para outra questão, deixando para trabalhar novamente os conflitos em outros momentos de menor resistência. Esta é uma decisão que cabe ao momento, sendo impossível defini-la com antecedência.

Assim, durante esses bloqueios ora silenciávamos ora ampliávamos a discussão, perguntando o que o grupo havia compreendido naquela atividade. Devido à pouca experiência que tínhamos como coordenadoras, uma de nós chegou a ficar incomodada quando o grupo não conseguiu realizar de forma aprofundada a discussão dos temas propostos, através da técnica mencionada. Essas dificuldades eram discutidas semanalmente na supervisão e, assim, podíamos caminhar com o grupo.

Percebemos, dessa maneira, que o grupo só faz um percurso de elaboração quando se apropria da simbologia da técnica, associando-a com questões da própria experiência. Nesse percurso, podem estar envolvidos processos psicológicos de resistência quer seja ao tema, ao grupo e/ou à coordenação. O desejo da coordenação sozinho não produz a elaboração do grupo. Para esse processo, é preciso construir com o grupo, trabalhando com suas associações, resistências, idealizações, entre outros elementos.

No quinto encontro, o grupo continuou a discussão, falando sobre sexualidade e adolescência. Procuramos enfatizar mais aspectos das representações que o grupo tinha sobre sexualidade. Iniciamos com o "*Abraço em si mesmo*" que permitiu, mesmo com alguma resistência inicial, relaxamento e concentração.

Com a "associação de palavras", tomamos uma sequência de palavras-geradoras, no sentido usado por Paulo Freire em seu método de alfabetização, isto é, palavras que pudessem cifrar toda uma simbologia relacionada à experiência do grupo. Estávamos em um processo de "leitura" de uma realidade que o grupo queria problematizar. As palavras-geradoras foram: sexo, gravidez, corpo e prazer. A técnica facilitou a expressão do grupo e preparou o

OFICINAS EM DINÂMICA DE GRUPO

clima para a realização de uma "palestra interativa". Utilizamos perguntas contidas em um livro. Primeiramente, as perguntas eram sorteadas, respondidas e discutidas pelas mães. Depois, comparávamos as respostas do grupo com as do livro e discutíamos novamente.

Apesar de ter se envolvido mais do que no encontro anterior, o grupo ficou bastante dependente da coordenação, talvez pelo fato desta ter trazido informações para discutir. Procuravam termos intelectua-lizados para fazer perguntas, procuravam elaborar frases com estrutura mais complexa. Nesse momento, a coordenação precisou de considerar sua atuação e refletir que não há uma divisão rígida entre "bloqueio" e "soltura": existe um caminhar do grupo no enfrentamento de suas dificuldades e no desenvolvimento de novas formas de representar as suas questões.

Assim, no sexto encontro, quando o tema seria "drogas", nós nos preparamos para tentar acompanhar melhor o grupo em suas contradições e dificuldades.

No início do encontro, as mães já começaram a falar do tema do dia, enfatizando o uso de remédios para dormir e outras drogas lícitas no cotidiano. Sugerimos, como primeira técnica, o "*relaxamento facial*". O grupo se mostrou contido para representar as emoções. Uma das componentes, que apresentava "normalmente" um rosto preocupado, teve dificuldades em representar "preocupaçaõ", durante a brincadeira. O grupo mostrava dificuldades em assumir as suas emoções.

Havíamos planejado realizar a técnica da "saída", porém como o número de participantes era pequeno, optamos pelo "abrigo subterrâneo". Dentre os personagens que iriam ser escolhidos para o abrigo, havia um dependente de drogas. Essa atividade acabou por gerar discussão sobre religião, crença e mudança pessoal. Para decidir sobre a lista dos abrigados, as pessoas tiveram que argumentar e fazer um processo de votação, uma vez que o consenso era difícil.

Procurando enfatizar o aspecto de prazer que os usuários de droga podem estar buscando, propusemos uma "*reflexão em dupla*" com o tema "*como o meu filho busca e obtém prazer? Quais as formas de diversão que ele busca?*" As mães relataram o dia-dia dos filhos, suas diversões e amigos. O tema levantou conflitos de opinião, porém foi uma discussão sem atritos uma vez que nenhuma das participantes achava que os filhos consumiam drogas.

Terceiro Momento: Retomando o seu Processo de Reflexão

No sétimo encontro, o tema escolhido foi *Agressividade na adolescência*. Começamos com "escravos de Jó", intencionando promover a discussão a respeito da irritação que pode aparecer quando os indivíduos são frustrados na realização de uma tarefa em grupo. O grupo se envolveu e, à medida que os erros se repetiram, a irritabilidade apareceu, tendo sido comentada com o grupo a relação entre uma e outra coisa.

Para abordar as relações agressivas, introduzimos a técnica de "encenação". O grupo mostrou um grande envolvimento, e representou sentimentos e interesses implicados nos papéis de mãe, pai, filho, professor, etc. O próprio grupo se dividiu e escolheu os papéis, apresentando independência em relação às coordenadoras, sendo que, durante as encenações, tampouco notamos uma liderança que monopolizasse a atuação do grupo.

As questões levantadas foram: agressividade dos pais, instabilidade de humor dos filhos e brigas em casa. Todos falaram de suas experiências. Um dos membros mostrou-se bastante emocionado e não conseguiu se referir ao seu cotidiano. Notando a angústia com que essa mãe nos relatava sua separação do marido e brigas em família, nos colocamos as questões: Como lidar com este tipo de relato na Oficina?

Concluímos que a participação dessa mãe no grupo era válida no contexto do grupo, permitindo-lhe uma reflexão sobre a questão da agressividade na família. Porém, como ela estava vivendo uma crise pessoal que demandava maior aprofundamento – vale lembrar que a oficina estava por se encerrar – decidimos lhe oferecer informações sobre lugares onde poderia conseguir o acompanhamento psicológico que parecia nos demandar. Fizemos isso como uma informação disponível, e não como uma recomendação.

No oitavo encontro, abordamos o nosso último tema e também fizemos a despedida e a avaliação da Oficina.

Começamos pela discussão dos assuntos pendentes que as mães haviam trazido ao longo do nosso processo grupal. Foi um momento importante quando alguns assuntos puderam ser arrematados. Por exemplo, uma das mães voltou ao tema das drogas e quis reconhecer para o grupo que era "viciada em remédio para dormir" e que "há muito não procurava um médico psiquiatra", reconhecendo a sua necessidade de acompanhamento.

O tema do "ficar com" havia surgido no final do encontro anterior, despertando o interesse de todas. Frases e depoimentos de um livro foram tomados como elementos de motivação. Partindo deles, pais e mães rememoravam os seus próprios relacionamentos amorosos e os dos filhos, as mudanças de comportamento, a busca do prazer imediato, o beijo antes do mútuo conhecimento e a questão do compromisso nos relacionamentos. Uma das mães disse achar difícil entender o "ficar com" pois é muito diferente do que viveu em sua juventude, mas acha importante aprender para compreender os filhos e "ficar mais moderna". A possibilidade de buscar significado nas suas experiências ajudava a tentar entender – e não simplesmente negar – as experiências dos filhos.

Por fim, realizamos a avaliação do nosso processo de Oficina, através da técnica da *Balança*. Disseram ter gostado de tudo: das brincadeiras, da argila, das "aulas", indicando apenas o barulho do ambiente como ponto negativo. Os temas considerados mais importantes foram: sexualidade e limites. Acharam que os encontros facilitaram sua conversa com os filhos e que "*muita coisa* mudou em casa depois da oficina". Lamentaram o término, dizendo que iriam sentir falta dos encontros e que seria bom continuar essa iniciativa na escola. Encerramos com doces, refrigerantes e bate-papo.

Conclusão: a Coordenação e o Grupo

A Oficina se propõe a ser um trabalho estruturado com pequenos grupos, articulando experiência e reflexão. O papel da coordenação deve, assim, estar relacionado à estruturação desses processos grupais, com o acompanhamento das demandas do grupo e da tarefa. O papel do coordenador é facilitar a expressão e as trocas dialógicas, a circulação da palavra, as articulações entre reflexão e experiência, a análise das resistências à tarefa, o reconhecimento e negociação de conflitos, a dinamização da rede de comunicação e dos processos de cooperação e aprendizagem.

Por exemplo, na oficina é preciso incentivar a participação de todos os membros, sem impedir o aparecimento de lideranças mas também procurando evitar o monopólio da palavra por integrantes que falam em seu próprio nome sem desempenhar qualquer função de porta-voz ou de mobilização da experiência do grupo. Assim, a coordenação da oficina busca uma liderança democrática onde todos os membros continuem a ter expressão.

A coordenação da oficina busca construir um processo junto com o grupo, desde o momento da escolha de temas até as formas integradas de trabalho com a experiência de cada um. A condução do grupo não segue um modelo "não-diretivo" mas tampouco pode ser chamada de "diretiva". É "participativa", no sentido de que mobiliza e incentiva mas não determina as reflexões. A seqüência das técnicas passa por um planejamento flexível, que pode ser mudado de acordo com o grupo. Visamos a apropriação do trabalho do grupo pelo grupo. A coordenação da oficina é participativa.

A oficina é um processo que envolve reflexão e sentimentos, exigindo do coordenador uma escuta desse entrelaçamento, seus entraves e caminhar. Os temas que são objeto de desejo são também focos de conflitos psíquicos e geram resistências. Muitas vezes, o coordenador precisa decidir se deve insistir e explorar a questão ou deixar para trabalhar os mesmos conflitos em outros momentos. O desejo da coordenação, sozinho, não produz a elaboração do grupo. É preciso construir com o grupo.

Na Oficina, a coordenação facilita essa troca na medida em que estimula a articulação das representações com as experiências, as diferenças e identidades no grupo, as dificuldades e conflitos, os desejos de mudança, as formas de mútuo esclarecimento e cooperação. No grupo três, pudemos ver como a elaboração requer a abordagem tanto de dificuldades cognitivas quanto de resistências psíquicas. Podemos usar técnicas para mediar esse processo. *Mas o grupo só faz um percurso de elaboração quando se apropria da simbologia da técnica, associada à sua experiência.*

O desejo da coordenação, apenas, não leva à elaboração no grupo. É preciso que o coordenador tenha uma instância de autocrítica para perceber como seus pontos de vista, sua formação, sua experiência e emoções podem se confundir na condução do grupo. Estando no lugar de quem mobiliza, facilita e analisa, o coordenador não pode pretender ser o dono do saber e da autoridade. É em outra dimensão, mais essencial, que a coordenação se dá: na sustentação do desejo do grupo diante de um processo reflexivo e na facilitação desse processo pela articulação, com o grupo, da experiência do grupo em seu contexto.

Bibliografia

Apresentamos aqui a bibliografia utilizada para a análise, a bibliografia de apoio em relação a técnicas de grupo, e a bibliografia de apoio para a realização de palestras interativas.

Bibliografia para análise da Oficina

AFONSO, Maria Lúcia M. "Oficinas em dinâmica de grupo: um método de intervenção psicossocial". In: AFONSO, M. L.M. (Org.) *Oficinas em dinâmica de grupo: um método de intervenção psicossocial.* Belo Horizonte: Edições do Campo Social, 2000.

BERSTEIN, M. "Contribuições de Pichón-Rivière à psicoterapia de grupo". In: OSÓRIO, Luiz Carlos e col. *Grupoterapia hoje.* Porto Alegre: Artes Médicas, 1986, p. 108-132.

BION, W. R. *Experiências com grupos: os fundamentos da psicoterapia de grupo.* Rio de Janeiro: Imago, Editora da Universidade de São Paulo, 1975.

BRAIER, E. A . *Psicoterapia breve de orientação psicanalítica.* São Paulo: Martins Fontes, 1986.

ENRIQUEZ, E. "O vínculo grupal". In: LÉVY, A et al. *Psicossociologia: análise e intervenção.* Petrópolis: Vozes, 1994. p. 56-69.

MAILHIOT, G. B. *Dinâmica e gênese dos grupos.* São Paulo: Livraria Duas Cidades, 1991.

PICHON – RIVIÈRE, E. *O processo grupal.* São Paulo: Martins Fontes, 1998.

Bibliografia de apoio para técnicas de grupo

FRITZEN, S. *Exercícios práticos de dinâmica de grupo.* Petrópolis: Vozes, 1982, Vols. 1 e 2.

MACRUZ, F. e col. *Jogos de cintura.* Belo Horizonte: Escola Sindical 7 de Outubro, 1992.

YOZO, R. Y. *100 jogos para grupos – uma abordagem psicodramática para empresas, escolas e clínicas.* São Paulo: Ágora, 1984.

Bibliografia de apoio para realização das palestras interativas

ABERASTURY, A. (Org). *Adolescência.* Porto Alegre: Artes Médicas, 1983.

AFONSO, Maria Lúcia M. *A polêmica sobre adolescência e sexualidade.* Belo Horizonte. Tese de Doutorado, Faculdade de Educação, UFMG, Belo Horizonte, 1997.

BARROSO, C. e BRUSCHINI, C. *Sexo e juventude: como discutir a sexualidade em casa e na escola.* 3ª Ed. São Paulo: Cortez, 1990.

CHAVES, J. *"Ficar com"; um novo código entre jovens.* Rio de Janeiro: Revan, 1994.

GONÇALVES, B. D. *Agressividade na adolescência.* (Texto redigido para a Pastoral do Menor), Belo Horizonte, 1997. (mimeo)

A TÉCNICA COMO LINGUAGEM:
A EXPERIÊNCIA DO GRUPO QUATRO

Maria Lúcia M. AFONSO*
Gabriela Rodrigues Mansur de CASTRO*
Anaíde Oliveira da SILVA*

O Grupo Quatro fez parte de nossa pesquisa sobre Oficinas em Dinâmica de Grupo, sendo constituído por pais e mães de adolescentes de uma escola pública em Belo Horizonte. Após termos feito uma palestra nessa escola, apresentando a nossa proposta, recebemos adesões dos pais e mães que quisessem participar de um trabalho de reflexão sobre a relação com seus filhos adolescentes. A adesão foi voluntária. O Grupo Quatro era de nível sociocultural baixo e composto de quatro pessoas que permaneceram até o final de um total de nove encontros. Ao final da Oficina, avaliaram positivamente o trabalho e disseram que seria bom se pudesse continuar...

O grupo aceitou bem a nossa metodologia, investindo em seu processo, ainda que com momentos de tensão e conflito. Mostramos aqui que o relacionamento afetivo entre as pessoas foi decisivo para que os processos de elaboração acontecessem. Enfatizamos, os aspectos positivos e negativos da estruturação do trabalho do grupo na Oficina, com um enquadre dado, e a utilização de técnicas variadas de aquecimento, sensibilização, mobilização do grupo na direção de sua aprendizagem, reflexão e elaboração.

O Quadro 1 mostra a sequência dos encontros do Grupo Quatro, com os temas e número de participantes. O planejamento foi feito com o grupo, desde o início, de maneira flexível, mas respeitando a escolha do tema inicial e as regras combinadas no contrato.

---

* Gabriela Rodrigues Mansur de Castro e Anaíde Oliveira da Silva coordenaram o grupo. Maria Lúcia M. Afonso foi supervisora. Todas participaram na elaboração e escrita do capítulo.

OFICINAS EM DINÂMICA DE GRUPO

QUADRO 1 – Temas e sequência de encontros do Grupo Quatro

ENCONTRO	TEMA	PARTICIPANTES	DURAÇÃO
Primeiro	Apresentação e Adolescência	4	2:00 hs
Segundo	Sexualidade e adolescência ontem e hoje	4	2:00 hs
Terceiro	Obediência e limite	5	2:00 hs
Quarto	Rivalidade entre irmãos	3	1:40 hs
Quinto	Namoro na adolescência	3	1:30 hs
Sexto	Autoridade e limite	2	2:00 hs
Sétimo	Limites	4	2:00 hs
Oitavo	Obediência	3	2:00 hs
Nono	Avaliação e encerramento	4	1:30 hs

Estrutura e Enquadre em uma Concepção de Planejamento Flexível

Nosso primeiro encontro foi dedicado a incentivar o conhecimento entre os participantes, a combinar o contrato do grupo e a levantar os temas de interesse, bem como a sua possível seqüência. Para esse dia, preparamos ainda uma reflexão sobre adolescência.

Para conhecer as participantes, a primeira atividade foi "*nomes e características em cadeia*". Repetir nomes e características dos participantes gerou um pouco de tensão pela exigência de memorização. Depois, passamos para o "*bate-papo em duplas*". Sugerimos que o tema para o "bate papo" fosse os motivos que levaram as participantes ao grupo e o que gostariam de abordar ali. Por meio dessa atividade, passamos a elaborar o cronograma com os temas de interesse do grupo. Porém, o grupo queria delegar essa tarefa à coordenação e nós reafirmamos a intenção de fazer junto com eles.

Para facilitar, então, o surgimento de seus interesses, adiamos a escolha dos temas do nosso cronograma e passamos a uma "*palestra-interativa*" sobre a adolescência. Nesse momento, as pessoas estavam atentas e relataram experiências, colocaram suas expectativas e, finalmente, seus interesses. Havia disponibilidade para trocar experiências e pontos de vista, em um clima de transferência positiva. O grupo voltou a nos pedir que elaborássemos o cronograma de trabalho. Insistimos que elas o fizessem conosco. Como não conseguiam sair do impasse, pedimos a elas que decidissem o tema para o próximo encontro.

Evitamos, nesse primeiro encontro, fazer intervenções que pudessem acirrar as defesas do grupo – em especial expressa na atitude de dependência. As colocações feitas foram acolhidas positivamente pelas mães. Fizemos as combinações de horários e dias e conversamos sobre as combinações do grupo: chegar na hora, sigilo, escuta mútua, entre outras.

O tema escolhido para o segundo encontro foi a sexualidade e a comparação da adolescência tal como havia sido vivida pelo grupo e como estava sendo vivida pelos filhos, hoje.

Começamos o encontro com um relaxamento com música finalizado com *"abraço em si mesmo"*. No entanto, nesse dia, havia muito barulho no local, o que dificultou a atividade. As participantes não se sentiram relaxadas, tendo dificuldades em tocar o próprio corpo com a novidade da experiência de "abraçar a si mesmas". Assim, conversamos um pouco sobre esses sentimentos, o que resultou ser, pelo lado oposto, bastante positivo. Isto é, foi possível refletir sobre a importância do cuidado de si.

Depois, passamos para o *"desenho do corpo humano"*. Uma dupla desenhou um corpo e enumerou características dos "adolescentes de ontem" e a outra dupla fez o mesmo para os "adolescentes de hoje". As participantes deitaram-se no papel para servirem de modelo dos desenhos, enquanto as outras as contornavam com lápis cera. Dessa vez, a atividade corporal foi tranquila e lúdica.

Partindo dessa tarefa, comparamos as experiências de adolescência entre as gerações e encerramos com a mini-palestra sobre sexualidade e afetividade.

No início havia um clima de apatia, com pouco envolvimento durante o encontro. As intervenções realizadas surtiram efeitos desejados: facilitar a reflexão sobre a própria experiência e promover a comunicação. Aos poucos, conseguimos também ajustar a nossa linguagem para a linguagem do grupo, mais simplificada. A coordenação interviu, algumas vezes, para solicitar que a palavra fosse usada por todos.

Havia momentos de dependência do grupo em relação à coordenação, que procurava, quando sentia que isso era possível, refletir para o grupo a sua tarefa. Esse movimento foi uma constante no início dessa Oficina. Provavelmente, o fato de o grupo ser de nível sociocultural baixo e as coordenadoras serem estudantes universitárias colaborou para essa dependência. Procuramos incentivar a autonomia durante as atividades e discussões, reafirmando a elas a sua competência para conduzir o processo do grupo.

A Técnica como Linguagem, Suporte para a Comunicação, Reflexão e Elaboração

Para o terceiro encontro, o grupo quis discutir sobre o tema da *Obediência e limite*. Iniciamos com a técnica "*situação no espaço*". As participantes sentaram-se em círculo, bem juntas e de olhos fechados. Seguiam as orientações da coordenação: mexer os braços, ficar de pé, sentadas, balançar os braços ora para direita ora para a esquerda e para frente.

Passamos desta técnica, diretamente, para o "cego e guia". Uma participante de cada dupla fechava os olhos e assumia o papel de cego, enquanto a outra iria guiá-la pelo espaço. Depois os papéis se invertiam. Após estas duas técnicas, o grupo conversou sobre as suas sensações e idéias. Destacaram a preocupação em não machucar a pessoa próxima e a preferência em "ser guia" pois sentiam-se mais seguras estando enxergando. Porém, lembraram que "ser guia" necessita mais responsabilidade.

Em seguida, discutiram entre si sobre situações em que gostariam de dizer "sim" mas dizem "não", e vice-versa. A partir dessa situação, começaram a relatar sobre sua experiência, ressaltando situações em que achavam difícil dizer "sim" (ou dizer "não") para os filhos.

A técnica seguinte propunha refletir a posição em que cada mãe mais se colocava e o porquê "Que pai/mãe sou?". Concluímos o encontro com a mini-palestra sobre "*maneiras de disciplinar*", no qual houve a participação do grupo com depoimentos e muita discussão.

Nesse encontro, as participantes pareciam ansiosas para abordar o tema. Logo no início fizeram perguntas sobre como colocar limites ao filho. Em vez de responder, nos propusemos a conversar sobre a questão. As técnicas introdutórias serviram para sensibilizar e motivar as mães, mesmo gerando alguma tensão entre elas, inclusive porque elas não estavam recebendo respostas prontas e sim sendo solicitadas a experienciarem os seus

sentimentos e expressarem suas opiniões. Fizemos poucas intervenções, com caráter explicativo, para facilitar a compreensão do assunto. Assim, o grupo se desenvolveu bem ao trocar experiências.
Durante a palestra interativa, novamente, o grupo mostrou-se mais dependente. Continuamos a perceber a necessidade de aproximar mais a nossa linguagem da linguagem do grupo, o que foi mais bem cuidado nos encontros seguintes. Esforçamos-nos por usar mais a linguagem cotidiana e para respeitar a fala de todos. A essa altura, o grupo já mostrava estar construindo vínculos e ganhar maior segurança para colocar as suas questões.

O tema escolhido para o o quarto encontro foi a "rivalidade entre irmãos". Começamos com a técnica: *"Balões no ar"* (10). Dentro dos balões, havia perguntas relativas ao tema, formuladas pelo próprio grupo. À medida em que cada balão ia sendo estourado, quem o tocasse responderia à pergunta nele contida. Assim, a um só tempo, a técnica servia à descontração, lúdica, e mobilizava outros elementos do processo grupal.

Os assuntos abordados foram: culpa, ambivalência de sentimentos, desejo, diferenças entre os filhos, gestação e não planejamento, relação entre pais e filhos, agressividade, atenção dos pais, poder do filho mais velho, autoridade, filhos únicos, satisfação das necessidades.

Ao falar sobre as rivalidades entre seus filhos, os pais também puderam falar das rivalidades entre os próprios irmãos e, ainda, entre pais e filhos. Essas reflexões iam acontecendo de maneira espontânea e sem uma sequência organizada do ponto de vista de uma discussão racional, pois os assuntos surgiam na medida em que os balões eram estourados, sem que soubéssemos qual seria o próximo balão... e a próxima pergunta. Assim, um sentido lúdico permanecia na aleatoriedade da sequência. Ainda assim, o tema do dia nos possibilitava a costura das falas em torno da tarefa. De fato, estas "costuras" passam a seguir uma lógica mais psíquica e relacional, com base em associações e identificações.

Durante a atividade, surgiram frases como: "acho que a gente cria como foi criada", "não tive diálogo com os meus pais", "o meu mundo é fechado, minha casa também". Uma mãe disse que tenta reparar a rejeição e tentativa de aborto, sendo superprotetora com o filho que, segundo ela, é medroso e dorme encolhido: "ele é muito calado e chora!". Outra mãe relacionou os problemas do filho com o falecimento de sua mãe, quando ela estava grávida e se sentiu muito deprimida. Deixamos que falassem livremente, sem interpretar suas falas. Achamos que a produção do grupo estava justamente em poder expressarsentimentos, fantasias, suposições, para que as participantes pudessem, elas mesmas, reorganizar suas narrativas sobre a sua experiência e refletir sobre elas.

Passamos, então, para a "*encenação*" da vida cotidiana. As mulheres se colocaram em várias situações: de mãe passiva, mãe agressiva, de filha e outras. No início, resistiram em participar, alegando cansaço e ficando quietas. Iniciamos a encenação, com um exemplo e procurando motivá-las. Ficaram curiosas e começaram a se divertir com a atividade. A partir daí, começaram a criar a sua cena que era a de uma mãe mediando uma briga entre irmãos, em que um pegara a roupa do outro. A cena se inspirava em uma situação vivida por uma delas. As três mães presentes revezaram-se nos papéis, discutindo depois as suas opiniões sobre as relações envolvidas na cena. A utilização dessa técnica – de cunho psicodramática – facilitou a integração e a reflexão. Assim, também os vínculos se formavam e davam suporte ao esforço de reflexão de cada participante.

Para finalizar, falamos dos vários tipos de relacionamento dos pais com os diferentes filhos, sendo que as mães se envolveram, colocando suas experiências e opiniões. Havia grande disposição para a escuta entre elas e para oferecer sugestões umas para as outras. A independência do grupo crescia.

Esse movimento do grupo também pôde ser notado no quinto encontro, quando o tema foi "namoro na adolescência". Iniciamos com o "toque das mãos". Colocamos música e, com as pessoas sentadas nas cadeiras da forma mais confortável possível, íamos, com a fala, "induzindo" o relaxamento, que as mães disseram ter conseguido sentir: Pedimos que se sentassem frente a frente, em duplas, tocando-se as mãos em diversos movimentos. A técnica foi vivenciada com muita afetividade, sensibilizando para a troca afetiva: "a gente nunca se toca, sentir o próprio corpo. Foi muito bom". Não fizemos muitos comentários naquele momento e continuamos com a "fotos-imagens".

Distribuímos gravuras de homens, mulheres, jovens, crianças, recortadas de revistas e que foram sendo passadas de mão em mão. A partir das gravuras, as participantes comentaram sobre sua vida afetivo-sexual: "*Para mim, o sexo é como se fosse proibido. Tenho medo de me despir, de me mostrar*". O grupo falou das suas necessidades de afeto nos seus próprios relacionamentos. Por outro lado, tiveram dificuldades em abordar o namoro dos filhos:

"*Hoje o namoro é muito mais liberal. Eles tem toda a liberdade no namoro*". Parecia que a comparação com os filhos levava a percebê-los mais livres e despertava algum desconforto. Entretanto, também colaborou para que o grupo se abrisse para a palestra-interativa que se seguiu e na qual levantamos diferenças e semelhanças entre o namoro de hoje e o de ontem; a questão da afetividade, o envolvimento familiar, compromisso e responsabilidades, e o "ficar" dos adolescentes. Usamos dados de pesquisas recentes. As mães discutiam e procuravam compará-los com suas vivências familiares.

No sexto encontro, o tema foi o de *Limites*, uma vez que as mães sentiam dificuldades em colocar limites para os filhos adolescentes. A primeira técnica proposta foi *"Associação de palavras"*. Cada participante recebeu um folha e uma caneta para escrever tudo aquilo que lhe viesse à mente a partir de *palavras-geradoras*, que iam sendo ditas pelas coordenadoras.

As palavras foram: adolescente, família, mãe, pai, autoridade, filho, filha e limite. Para cada palavra, eram dados aproximadamente 3 minutos para escrever. Terminada essa parte, cada participante leu o que havia escrito sobre a primeira palavra. A cada palavra lida, a coordenação estimulava os comentários, fazendo perguntas. Os comentários foram feitos a cada rodada. A técnica utilizada foi bem aproveitada. As mães se colocaram bastante, trazendo suas vivências, conceitos, representações e afetos. As colocações ora eram feitas em tom de brincadeira, ora de seriedade, ora de tristeza. Foi uma oportunidade para reflexão e debate. Encerramos com uma palestra-interativa sobre agressividade, como uma manifestação de afeto que coexiste com outras manifestações de afeto no desenvolvimento humano.

No sétimo encontro, as mães quiseram continuar com o tema de *Limite*. Iniciamos, então, com a *"Estrela de cinco pontas"*, pela qual abordamos os seguintes *temas-geradores*: autoridade e limite; quando é preciso dizer não; quando o filho desobedece a uma ordem; o que fazer frente à uma ameaça do filho.

As participantes sugeriram uma distinção entre autoridade e limite, dizendo ter autoridade sobre os filhos mas ter dificuldades em estabelecer e colocar limites: *"Todo dia é preciso dizer não"*. Uma mãe sente dificuldades em manter o não, *"Eu acabo me deixando enrolar por ele"*. Uma das mães acha que não tem autoridade pois "manda no grito" e isso ela não considerava autoridade.

Disseram ainda que gostariam de mudar o próprio comportamento com os filhos: *"Gostaria de falar menos, falo umas dez vezes a mesma coisa"*. Apelaram para o imaginário de uma autoridade externa: uma mãe sugeriu que os filhos deveriam servir o exército para aprender a ser obedientes e disciplinados. Com relação às ameaças dos filhos, principalmente no que se refere a sair de casa, as mães dizem que se mostram calmas e firmes, mas que, na realidade, temem: *"As mães são muito cobradas pelo comportamento dos filhos, eles precisam se responsabilizar"*.

Contrastaram essa situação com a que viveram quando adolescentes: *"Eu não tive pai, nem mãe, tinha era medo"*. *"Não obedecia, fazia senão apanhava"*. *"Não tinha diálogo, conversa"*. Colocaram-se como agentes de mudança que, no movimento de mudar, encontram-se perdidas: *"Em nossa época, era sim, sim, não, não. Quero quebrar essa rigidez, mas acabo caindo no outro extremo. Ele (o filho) é infinito na indisciplina"*. e *"A gente estraga o filho dando amor demais, querendo dar o que não tivemos"*.

A técnica propiciou uma troca rica de experiências e idéias, quando as mães podiam refletir e sistematizar melhor as suas questões, construindo a partir da experiência e da narrativa sobre essa experiência. Havia uma atenção grande entre elas e bastante independência, sentida na facilidade de expressão e comunicação entre elas, sem precisar de mediação da coordenação. Contudo, ainda havia um momento em que perguntavam: "vocês vão ou não trazer as respostas para nós?" Ou seja, caminhavam com autonomia enquanto estavam problematizando a sua realidade. Mas, ainda não se sentiam capazes de autonomia no momento de pensar em respostas para a sua problematização. Então, nós procurávamos nos mostrar disponíveis para mobilizar e refletir com o grupo, mas insistíamos em que as respostas precisariam ser construídas com o grupo.

No oitavo encontro, a questão do *limite* foi desdobrada no tema da *Obediência*. A primeira técnica desenvolvida foi o *"Desenho coletivo"*. Primeiro, cada participante desenvolveu seu desenho, individualmente. Depois, desenharam juntas na mesma folha de papel, sendo que o grupo pôde escolher o que e como fazê-lo. Ficaram empolgadas quando perceberam a liberdade do grupo para desenhar. Riam muito, envolvidas na tarefa. Uma delas atuou como liderança nesse momento, dando o "tom" do desenho.

A seguir, fizemos a palestra interativa sobre obediência, enfatizando os aspectos de liberdade e limite nas relações e o quanto é importante para cada ser humano ter uma margem de escolha. Refletimos sobre a noção de obediência no grupo e se obedecer é o suficiente para definir o que elas desejam dos filhos. Se não haveria, então, outras coisas desejáveis, tal como o desenvolvimento de valores, auto-orientação, entre outros. Notamos que já estávamos conseguindo usar uma linguagem próxima à do grupo, e que isto facilitava nossa comunicação. O grupo se mostrou muito receptivo para o que falávamos e se empenhou em avaliar e comparar com sua experiência. Nunca apresentávamos as idéias como sendo "a verdade" e sim como possibilidades para a reflexão.

Avaliando o Trabalho e Elaborando a Despedida

Em nosso nono e último encontro, fizemos uma avaliação do nosso trabalho, utilizando a *"Balança"*.

O ponto negativo foi em relação ao tempo de Oficina, que as mães consideraram pequeno. Acharam que alguns temas ficaram de fora e que o tema de *Limites* foi muito estendido! Entretanto, isso havia sido uma opção delas... Talvez um sintoma da própria dificuldade de se colocarem "limites"!

Os pontos positivos sobressaíram: falaram que houve grande aprendizagem, liberdade para falar da própria experiência, descobrir a experiência do outro como válida para a reflexão, o sentimento de grupo e solidariedade entre os participantes, a atenção das coordenadoras. Disseram que poderia ter havido mais técnicas de relaxamento. Fizemos, ainda a técnica de *"Memórias",* que repetiu os mesmos pontos de vista da *"Balança"*.

Finalizamos com o "amigo oculto". As mensagens eram de boa sorte, realizações e agradecimentos. Tendo vivido de forma intensa a Oficina e sentindo que levava consigo boas memórias, o grupo podia falar, ao mesmo tempo, de saudade e de boa sorte.

Bibliografia

Apresentamos aqui a bibliografia utilizada para a análise, a bibliografia de apoio em relação a técnicas de grupo, e a bibliografia de apoio para a realização de palestras interativas.

OFICINAS EM DINÂMICA DE GRUPO

Bibliografia para análise da Oficina

AFONSO, Maria Lúcia M. "Oficinas em dinâmica de grupo: um método de intervenção psicossocial". In: AFONSO, M. L.M. (Org.) *Oficinas em dinâmica de grupo: um método de intervenção psicossocial*. Belo Horizonte: Edições do Campo Social, 2000.

BERSTEIN, M. "Contribuições de Pichón-Rivière à psicoterapia de grupo". In: OSÓRIO, L. C. e col. *Grupoterapia hoje*. Porto Alegre: Artes Médicas, 1986, p. 108-132.

BION, W. R. *Experiências com grupos: os fundamentos da psicoterapia de grupo*. Rio de Janeiro: Imago, Editora da Universidade de São Paulo, 1975.

BRAIER, E. A. *Psicoterapia breve de orientação psicanalítica*. São Paulo: Martins Fontes, 1986.

ENRIQUEZ, E. "O vínculo grupal". In: LÉVY, A et al. *Psicossociologia: análise e intervenção*. Petrópolis: Vozes, 1994. p. 56-69.

MAILHIOT, G. B. *Dinâmica e gênese dos grupos*. São Paulo: Livraria Duas Cidades, 1991.

MELLO Filho, J. de. "Contribuições da escola de Winnicott à psicoterapia de grupo". In: OSÓRIO, L. C. e col. *Grupoterapia hoje*. Porto Alegre: Artes Médicas, 1986, p. 64-97.

PICHON – RIVIÈRE, E. *O processo grupal*. São Paulo: Martins Fontes, 1998.

RIBEIRO, J.P. *Psicoterapia grupo analítico - Teoria e técnica*. São Paulo: Casa do Psicólogo, 1995.

VIELMO, F.R. "Transferência e contratransferência na situação grupal". In: Homepage da Sociedade Brasileira de Dinâmica de Grupo, 1998.

WINNICOTT, D.W. *O brincar e a realidade*. Rio de Janeiro: Imago, 1975.

Bibliografia de apoio para técnicas de grupo

FRITZEN, S. *Exercícios práticos de dinâmica de grupo*. Petrópolis: Vozes, 1982, Vols. 1 e 2.

MACRUZ, F. e outros. *Jogos de cintura*. Belo Horizonte: Escola Sindical 7 de Outubro, 1992.

YOZO, R. Y. *100 jogos para grupos – uma abordagem psicodramática para empresas, escolas e clínicas.* São Paulo: Ágora, 1984.

Bibliografia de apoio para realização das palestras interativas

AFONSO, Maria Lúcia M. *A polêmica sobre adolescência e sexualidade.* Belo Horizonte. Tese de Doutorado, Faculdade de Educação, UFMG, Belo Horizonte, 1997.

ABERASTURY, A (Org). *Adolescência.* Porto Alegre: Artes Médicas, 1983

BARROSO, C. e BRUSCHINI, C. *Sexo e juventude:* como discutir a sexualidade em casa e na escola. São Paulo: Cortez, 1990.

GONÇALVES, B. D. *Agressividade na adolescência.* Belo Horizonte, Pastoral do Menor, 1997 (mimeo).

MACHADO, Júlio César F. *Sexo com liberdade.* Belo Horizonte: Fênix, 1998.

A OFICINA COMO UM GRUPO ABERTO:
A EXPERIÊNCIA DO GRUPO CINCO

Maria Lúcia M. AFONSO*
Mércia VELOSO*

O Grupo Cinco fez parte de nosso programa de pesquisas sobre Oficinas em Dinâmica de Grupo, realizado no LabGrupo da UFMG. Nosso relato irá privilegiar o caráter "aberto" deste grupo, isto é, o fato de que a participação em cada encontro era aberta para todos os interessados. O trabalho foi realizado em uma escola pública da cidade de Nova Lima, na região da Grande Belo Horizonte. Era heterogêneo do ponto de vista sócio-econômico e cultural. Iniciado em junho de 1998 e visando um trabalho de reflexão com os pais no final do semestre letivo, o grupo se reuniu por três vezes, com um número muito variado de presentes. Nesse sentido, assemelhou-se mais a um fórum de discussão do que a um pequeno grupo. Ainda assim, a metodologia empregada se inspirou na Oficina.

Proposta e Formação do Grupo

Nossa proposta era a de formar grupos para pais e mães que quisessem conversar sobre o seu relacionamento com seus filhos adolescentes. Oferecidos na forma de Oficina, o trabalho visava a uma elaboração que pudesse ir além de uma mera reflexão racional, envolvendo sentimentos e ações.

Fizemos um contato inicial com os pais dos adolescentes, na forma de um bilhete entregue aos alunos para que levassem para casa. Esse bilhete convidava os pais para participarem de um "grupo de orientação", no qual poderiam conversar sobre o relacionamento com seus filhos. No bilhete, ficou claro que o trabalho seria inteiramente gratuito.

No primeiro encontro, procuramos explicitar um contrato inicial, definindo temas e regras do grupo. O planejamento dos encontros seria feito considerando tanto a demanda dos pais quanto

---

* Mércia Veloso coordenou o grupo. Maria Lúcia M. Afonso foi supervisora. Ambas participaram na elaboração e escrita do capítulo.

a necessidade de sistematização dos temas propostos. O encontro se deu em um auditório e estavam presentes por volta de 40 pais e mães. Ficava claro que aquele grupo teria um funcionamento próprio. Em relação aos temas a serem focalizados, combinamos que:

(1) O primeiro encontro daria uma visão mais geral sobre a adolescência e sobre os principais aspectos da comunicação entre pais e filhos.
(2) O segundo encontro focalizaria o abuso de drogas juntamente com o preconceito e discriminação.
(3) O terceiro encontro teria como tema central a sexualidade na adolescência.

Quanto às regras, combinamos que teríamos três encontros, de duas horas cada, com a participação aberta a todos os interessados. Isto tornava o grupo mais fluido em relação às suas fronteiras e não favorecia a formação de vínculos nem a vinculação com o coordenador. Mas os pais se mostravam interessados, e pensamos que a experiência seria válida. De fato, como veremos, esse grupo mostra a utilização de elementos da Oficina durante os três debates realizados.

Três Debates na Forma de Oficina

Cada encontro seguiu uma estruturação em três momentos: preparação para o trabalho através de relaxamento ou "aquecimento"; desenvolvimento do tema através de técnicas de grupo, discussão e "palestra interativa"; e, por último, reflexão e avaliação sobre cada encontro. A "palestra interativa" buscava a participação dos integrantes do grupo, incentivando seus comentários, depoimentos e correlacionando a informação à experiência cotidiana.

O Primeiro Encontro

Nosso planejamento inicial, para o primeiro encontro, incluía a apresentação das coordenadoras e dos participantes, a discussão sobre a adolescência ontem e hoje, e o levantamento de temas de interesse dos pais e mães para os próximos encontros. Como não tínhamos idéia sobre o número de pessoas que compareceriam, pensamos que, caso a presença fosse de até quinze pessoas, utilizaríamos a técnica "*nomes de bichos*". Caso estivessem presentes mais de quinze pessoas, iniciaríamos com a técnica "escravos de Jó". O Quadro 1 mostra a organização do primeiro encontro.

Tendo nos apresentado e à nossa proposta, vimos que contávamos com, aproximadamente, quinze pessoas e, por isto, optamos pela técnica "nomes de bichos". Pedimos também que falassem o motivo pelo qual estavam naquele grupo. Esse primeiro momento transcorreu num clima de descontração. De um modo geral, a expectativa do grupo era a de entender melhor seus filhos adolescentes.

Entretanto, no decorrer da atividade, foram chegando mais e mais pessoas – aproximadamente quarenta e cinco – e esse imprevisto fez com que interrompêssemos a forma como estavam sendo feitas as apresentações.

Sugerimos para o grupo mudar a atividade e introduzimos a técnica "escravos de Jó". Após refletirmos um pouco sobre a dificuldade de estarmos sintonizados uns com os outros, sensação que a brincadeira deixava no grupo, dividimos o quadro negro em duas partes. Solicitamos aos pais que apontassem características da sua adolescência, para serem anotadas em um dos lados, e também características da adolescência atual, para serem anotadas do outro lado. A palavra ficou livre, enquanto nós anotávamos as idéias que os pais e mães levantavam.

Com essa "brincadeira" os pais relembraram o tempo em que foram adolescentes comparando-o com o que percebem da adolescência de seus filhos. Disseram, por exemplo, que, se por um lado, tinham maior liberdade para sair de casa sem se preocupar com assaltos e com violência, por outro lado, havia maior repressão e autoritarismo por parte de seus pais, não existindo diálogo, principalmente sobre sexualidade, métodos anticoncepcionais e drogas. Falaram da importância de estarem ali buscando conhecer mais sobre a adolescência para lidar melhor com a rebeldia, excesso de liberdade, mas também com o carinho e afeto de seus filhos.

Aproveitando a discussão gerada pela técnica, realizamos uma "palestra interativa" sobre alguns aspectos da adolescência em geral e da comunicação entre pais e filhos adolescentes. Essa palestra se baseou em Aberastury(1992) e em Gale (1989).

No momento final, a partir das questões suscitadas nesse encontro, fizemos, junto ao grupo, um levantamento dos temas de maior interesse para os próximos encontros. Os temas foram: abuso de drogas, preconceito, discriminação e sexualidade.

Quadro 1 – Organização do Primeiro Encontro

Primeiro Encontro. Tema: Conhecimento do grupo e Adolescência ontem e hoje		
Técnicas	Descrição	Objetivos
Nomes de bichos	Em círculo, cada participante diz o seu nome e com que bicho acha que se parece. Esta "semelhança" é explicitada em seu caráter metafórico, isto é, características que atribui ao sujeito: tímido, alegre, bravo, etc.	Descontrair, criar um clima de trabalho em grupo.
Escravos de Jó	Ao ritmo da música "escravos de Jó", são passados dois objetos, de mão em mão, sendo que uma das regras da "brincadeira" é que haja uma sintonia entre o movimento dos objetos e o ritmo da música. Para tal deverá haver também sintonia entre os membros do grupo.	Descontrair e sensibilizar os participantes para a experiência de pertencer a um grupo, refletindo sobre a dificuldade de estar, ao mesmo tempo, recebendo e dando algo de si ao outro.
Adolescência ontem e Adolescência hoje	Utilizando o quadro-negro ou uma folha craft; os participantes dirão, de um lado, sobre o que se lembram de sua própria adolescência e, do outro, sobre a adolescência nos dias de hoje.	Palestra interativa sobre adolescência. Discutir informações junto à experiência. Perceber e pensar semelhanças e diferenças entre a própria adolescência e a de seus filhos e em como isto está envolvido na interação com seus filhos.

O Segundo Encontro

No segundo encontro, focalizamos o tema das drogas juntamente com a questão do preconceito e da discriminação. Houve a participação de doze pessoas. O Quadro 2 mostra a organização desse encontro.

Iniciamos com a *"associação livre em grupo"*. De maneira geral, o grupo associou drogas a coisas negativas, tais como morte, marginalização e prisão, além de fazer comentários sobre pessoas que "se deram mal" devido ao abuso de drogas. Sistematizamos essas representações em uma grande folha de papel. E, a seguir, introduzimos a questão do preconceito.

Utilizamos, de forma adaptada, a técnica *"abrigo subterrâneo"*, abordando o tema do preconceito de forma lúdica e menos ameaçadora. Após cada integrante do grupo dizer quem escolher para salvar no *"abrigo subterrâneo"* e o porquê da sua escolha, chamamos a atenção para o fato de que, na *"associação livre"* que fizeram, só apareceram as drogas associadas a consequências negativas. Refletimos sobre a necessidade de compreender que prazer as pessoas buscam nas drogas, ainda que não concordemos com a natureza ou o curso deste prazer. Um diálogo com os filhos deveria estar "informado" por ambos os aspectos: dor e prazer.

Aproveitando este momento de reflexão, fizemos uma "palestra interativa" sobre drogas consideradas legais (álcool, tabaco, medicamentos etc.) e não legais (maconha, cocaína, etc.), suas características, seus efeitos, uso e sintomas da dependência. Procuramos refletir sobre características da adolescência e a exposição social ao uso da droga. Os pais procuraram expressar suas opiniões, falaram do uso de medicação como tranquilizantes e de drogas legalizadas. Alguns se lembraram da época em que eram adolescentes e presenciaram o uso de maconha e outras drogas.

Quadro 2 – Organização do Segundo Encontro

Segundo encontro. Tema: Drogas, preconceitos e discriminação		
Técnicas	Descrição	Objetivos
Associação livre em grupo	Em círculo, os participantes escrevem, um de cada vez, em uma única folha de papel, que vai sendo passada de mão em mão, a primeira palavra que lhes surge em associação com a "palavra-tema"; após algumas "rodadas", faz-se um levantamento das palavras associadas e uma breve discussão sobre esse valor no grupo.	Trabalhar as representações que surgem no grupo, sua dimensão interpessoal e as mudanças de opinião. No caso, as palavras escolhidas se relacionavam ao tema em discussão.
Abrigo subterrâneo	Os membros do grupo recebem uma folha de ofício com um problema: há uma guerra nuclear e o grupo terá de escolher, dentre uma lista de pessoas, três que poderão estar a salvo em um abrigo.	Abordar o tema do preconceito de forma lúdica e menos ameaçadora.

O Terceiro Encontro

O tema do terceiro encontro foi a sexualidade. Como seria o nosso último, também fizemos a avaliação do trabalho. Esse encontro contou com a participação de doze pessoas.

Em primeiro lugar, fizemos um "relaxamento dirigido". Apresentamos, então, o desenho de um boneco e de uma boneca nus e pedimos que o grupo relacionasse, espontaneamente, cada parte do corpo dos bonecos a uma palavra. Após alguns minutos de retraimento, os participantes começaram a fazer a correlação entre as partes do corpo e palavras.

Apontaram a cabeça como "lugar da razão", o coração como "lugar da emoção", as pernas como o "sustento do corpo", e assim por diante. Deixaram para o fim a associação sobre os órgãos genitais, que foram ligados à reprodução, à luz, à semente. Somente no final, disseram que os órgãos genitais também eram fonte de prazer. Conversamos, então, sobre a dimensão afetiva da sexualidade e outras questões como homossexualidade, gravidez, doenças sexualmente transmissíveis e as formas de preveni-las.

Acreditamos que as dificuldades demonstradas pelo grupo estejam relacionadas tanto a aspectos culturais quanto pessoais e que a forma como introduzimos a discussão, com atividades lúdicas, tenha facilitado a discussão. De fato, em um grupo onde a rede de vínculos não se forma, o processo de expressão de sentimentos e de elaboração também é limitado. Entretanto, o trabalho de pensar e refletir pode ser estimulado, através da ludicidade, do convite à participação, da exposição a pontos de vista diferentes, e outros elementos que ainda podem estar presentes.

Não esperávamos que esse grupo funcionasse como um pequeno grupo com uma rede de vínculos, mas sim que pudesse realizar as palestras como um fórum de debates, onde as idéias apresentadas pudessem ser dinamizadas.

Partimos, em seguida, para avaliação do trabalho, através da "balança". Os pais avaliaram as oficinas como um espaço em que puderam obter informações e trocar opiniões, percebendo que outras pessoas têm dúvidas e dificuldades semelhantes às suas.

Quadro 3 – Organização do Terceiro Encontro

Terceiro encontro. Tema: Sexualidade		
Técnicas	Descrição	Objetivos
Relaxamento dirigido	Sugerimos que os participantes, sentados nas cadeiras, em posição confortável, e de olhos fechados, ao som de uma música suave, respirassem e aspirassem lentamente, imaginando cenas agradáveis; massageando e relaxando, progressivamente, dos pés ao rosto e, em seguida, se dessem um "auto-abraço", abrindo lentamente os olhos. A seguir, pedimos que cada um expressasse o que sentiu e pensou durante o relaxamento.	Descontrair e criar um clima propício à discussão do tema proposto.
Desenho de um boneco e de uma boneca nus.	Pedimos que o grupo relacionasse, espontaneamente, cada parte do corpo dos bonecos a uma palavra.	Pensar sobre as representações que se têm sobre o próprio corpo e suas relações com a sexualidade.
Balança	Desenho de uma balança em uma folha de papel. De um lado, os participantes dizem sobre pontos positivos da oficina e, do outro, pontos negativos. Avaliar.	Avaliar o trabalho do grupo e oferecer um espaço de elaboração final da oficina.

Maria Lúcia M. Afonso (Org.)

Conclusão: A Oficina como Técnica de Reunião ou Fórum de Debates para Grupos Abertos

Neste trabalho, utilizamos o espaço físico de uma escola e trabalhamos com pais de alunos desta escola. Consideramos que as reuniões são influenciadas pelo contexto em que se dão. Assim, é sempre importante se perguntar que representações e relações o grupo pode ter com a instituição (ou contexto) e que estarão intermediando sua participação. Como este contexto apoia ou desmotiva os participantes para enfrentar temas que tocam em sua experiência cotidiana e relações pessoais.

Como coordenadores, precisamos sair da "redoma" dos ambientes de trabalho onde nossa prática já está ancorada em representações instituídas e abrir um espaço novo de intervenção. Assim, pensar em grupos abertos, em técnicas de reunião e fórum de debates para grupos abertos pode, também, ser uma contribuição da metodologia de Oficinas.

Bibliografia

Apresentamos aqui a bibliografia utilizada para a análise, a bibliografia de apoio em relação a técnicas de grupo, e a bibliografia de apoio para a realização de palestras interativas.

Bibliografia para análise da Oficina

AFONSO, Maria Lúcia M. "Oficinas em dinâmica de grupo: um método de intervenção psicossocial". In: AFONSO, M. L.M. (Org.) *Oficinas em dinâmica de grupo: um método de intervenção psicossocial*. Belo Horizonte: Edições do Campo Social, 2000.

AMADO, G. e GUITTET, A . *A Dinâmica da Comunicação nos Grupos*. Rio de Janeiro: Zahar, 1978.

BERSTEIN, M. "Contribuições de Pichón-Rivière à psicoterapia de grupo". In: OSÓRIO, L. C. e col. *Grupoterapia hoje*. Porto Alegre: Artes Médicas, 1986, p. 108-132.

BION, W. R. *Experiências com grupos: os fundamentos da psicoterapia de grupo*. Rio de Janeiro: Imago, Editora da Universidade de São Paulo, 1975.

BRAIER, E. A . *Psicoterapia breve de orientação psicanalítica*. São Paulo: Martins Fontes, 1986.

ENRIQUEZ, E. "O vínculo grupal". In: LÉVY, A et al. *Psicossociologia: análise e intervenção*. Petrópolis: Vozes, 1994. p. 56-69.

MAILHIOT, G. B. *Dinâmica e gênese dos grupos*. São Paulo: Livraria Duas Cidades, 1991.

PICHON – RIVIÈRE, E. *O processo grupal*. São Paulo: Martins Fontes, 1998.

Bibliografia de apoio para técnicas de grupo

FRITZEN, S. *Exercícios práticos de dinâmica de grupo*. Petrópolis: Vozes, 1982, Vols. 1 e 2.

MACRUZ, F. e outros. *Jogos de cintura*. Belo Horizonte: Escola Sindical 7 de Outubro, 1992.

YOZO, R. Y. *100 jogos para grupos – uma abordagem psicodramática para empresas, escolas e clínicas*. São Paulo: Ágora, 1984.

Bibliografia de apoio para realização das palestras interativas

ABERASTURY, A. (Org) *Adolescência*. Porto Alegre: Artes Médicas, 1983

AFONSO, Maria Lúcia M. *A Polêmica sobre adolescência e sexualidade*. Belo Horizonte. Tese de Doutorado, Faculdade de Educação, UFMG, Belo Horizonte, 1997.

CONSELHO ESTADUAL DE ENTORPECENTES – CONEN/SP – *Pense nisso – DROGAS – Como compreender? O que fazer?*. S/d

GALE, Jay. *O adolescente e o sexo – um guia para pais e filhos*. São Paulo: Best Seller, 1989.

MIND (Revista editada pela Comunidade Terapêutica Bezerra de Menezes) Ano II – Nº 14 – Nov./Dez.1997.

MINISTÉRIO DA SAÚDE. Secretaria Nacional de Assistência à Saúde/ SNAS. *Normas e procedimentos na abordagem do abuso de drogas*. Brasília, 1991.

STENGEL, Márcia. *Obsceno é falar de amor? As relações afetivas dos adolescentes*. Dissertação de Mestrado, Mestrado em Psicologia, FAFICH, UFMG, Belo Horizonte, 1997.

"OH! PEDAÇO DE MIM, OH! METADE ARRANCADA DE MIM..."
OFICINA SOBRE QUESTÕES ÉTNICAS, COM ADOLESCENTES NEGRAS, EM UMA ESCOLA PÚBLICA.

Stefânie Arca Garrido LOUREIRO*
Betânia Diniz GONÇALVES*
Karin Ellen von SMIGAY*
Maria Lúcia M. AFONSO*

Esse trabalho relata uma experiência de grupo em uma escola municipal de Belo Horizonte. É uma escola grande que funciona em três turnos, com cursos que vão do terceiro período da escola elementar ao terceiro ano do segundo grau. Apesar de a escola estar situada em bairro de classe média, os alunos são membros de classes sociais distintas, principalmente no turno diurno. O turno da noite é composto quase que inteiramente por alunos trabalhadores.

Atritos entre alunos acontecem, especialmente como discussões corriqueiras que são absorvidas no dia-a-dia da escola. Muitas vezes, durante o recreio, estes atritos passam da ofensa verbal à agressão física. Uma da formas utilizadas pela escola diante deste comportamento é a suspensão do aluno agressor, ou dos envolvidos, por alguns dias. Isso funciona como contenção mas não resolve os problemas, que voltam a aparecer.

Neste artigo, é relatada uma experiência de se lidar com o problema de agressão na escola, com uma visão e uma metodologia diferentes, oferecendo aos alunos um espaço de elaboração das questões implícitas na violência entre colegas.

O Aparecimento da Demanda

Em outubro de 1998, durante o recreio do turno da manhã, o diretor Paulo procurou a professora Stefânie, aluna do curso de

---

* Stefânie Arca Garrido Loureiro coordenou o grupo. Maria Lúcia M. Afonso foi supervisora, contando com a colaboração de Karin von Smigay e Betânia Diniz Gonçalves. Todas participaram na elaboração e escrita do capítulo.

psicologia da UFMG, pedindo sua intervenção no caso de agressão física de uma aluna branca por um grupo de seis alunas negras. Stefânie procurou o grupo para conversar e ouviu a seguinte história.

A aluna, da oitava série, branca e de classe média, passeava pelos corredores da escola de braços dados com um colega de sala quando o grupo citado "cantou"o rapaz. Ele as insultou chamando-as de "negas chulezentas". Elas bateram na menina que o acompanhava. Eram alunas da quinta série, entre 13 e 14 anos, de etnia negra e pertencentes a uma classe desfavorecida economicamente.

A princípio, a escola queria suspendê-las de aula por alguns dias, pois não era a primeira vez que incidente semelhante ocorria. Entretanto, após ouvir as meninas, a professora Stefânie entendeu que o problema não era de indisciplina, mas sim de disputa entre classes sociais e culturas. Inclusive, no episódio, podia-se também perceber a agressão verbal – ligada ao preconceito – dirigida às alunas negras e que, até então, não havia sido "ouvida" pela escola...

Foi então proposto um trabalho de dinâmica de grupo com essas seis alunas. As meninas se interessaram pela proposta. Combinou-se que os encontros se dariam uma vez por semana, na própria escola, com duração de uma hora e meia cada.

Implementando uma Estratégia de Intervenção

Combinou-se que o trabalho seria desenvolvido na forma de Oficina de Dinâmica de Grupo, em uma seqüência de encontros, com técnicas de grupo, e objetivos como:

- Criar um espaço de confiança, em que as alunas pudessem expressar seus conflitos, disputas, fantasias e auto imagem.
- Trabalhar a identidade psicossocial fragilizada, sobretudo pelo forte estigma, ligado à cor da pele e condição social, vivido pelas adolescentes e expressado nos discursos do próprio grupo.
- Oferecer condições propícias para a desconstrução e reconstrução de algumas representações sociais, especialmente ligadas ao estigma.

- Facilitar o reconhecimento e elaboração psíquica das condições de surgimento do estigma, para que se pudesse pensar e operar sobre ele.

O método de oficinas em dinâmica de grupo, utilizado nesse trabalho, visa possibilitar a desconstrução e reconstrução de representações e identidades psicossociais, no processo de elaboração do grupo. Como lemos em Afonso (2000), a Oficina é

> um trabalho estruturado com grupos, podendo incluir vários encontros e focalizado em torno de uma questão central que os sujeitos se propõem a elaborar, dentro ou fora do contexto institucional. Essa elaboração não se restringe à dimensão racional, mas pretende envolver os sujeitos de forma integral, sentimentos, formas de pensar e agir.

A oficina apresenta pontos inovadores no trabalho com grupos, mas se origina em outras práticas grupais, especialmente os grupos operativos.

> A unidade básica operacional compreende a relação que há entre o existente, a interpretação e o novo emergente. A partir do aumento da operatividade de cada um no grupo, diminuem os conflitos apresentados. O sujeito é transformado pelo grupo e, ao mesmo tempo, é agente da mudança social (Pichon-Rivière, 1998).

Nos primeiros encontros, a coordenadora buscou favorecer e fortalecer o vínculo entre os membros do grupo, de acordo com a visão do grupo operativo de Pichon Rivière e da Oficina. Foram utilizadas técnicas que favorecessem o conhecimento de si mesmo e do outro, em interação e comunicação. O grupo iniciou falando de seu cotidiano, os encargos domésticos, o descuido com o próprio corpo desvalorizado, como nas falas abaixo:

> Aluna L: "Eu não gosto de nada em mim, eu não gosto do meu cabelo, da minha pele, dos meus dentes, da minha cor, da minha unha, do meu pé. Quero ser branca".

OFICINAS EM DINÂMICA DE GRUPO

Aluna M: "Gosto da minha altura e do meu corpo, do meu jeito. Não gosto da minha cor e do meu cabelo e da minha burrice, (riu). Quero ser branca loira de cabelo liso".

Essas falas eram ouvidas pelo grupo que intervinha, tanto os colegas quanto a coordenadora, no sentido de favorecer o *insight* sobre a experiência da pessoa dentro do contexto. Ou seja, de favorecer a desconstrução da representação social que embasa a fala.

As falas das alunas estavam bastante amarguradas pelo estigma do qual se sentiam vítimas. Por isso, vinham carregadas de alto teor emocional e ideológico. A amargura se expressava pelo viés da ironia, da agressão, da piada. Por exemplo, após a técnica *"relógio do cotidiano"*, uma aluna disse:

Aluna L: "Eu não cuido de mim hora nenhuma. Olha aqui, (apontou o relógio desenhado na técnica "relógio do cotidiano"), acordo, arrumo casa, vou para a escola... só na hora em que vou tomar banho para dormir. Cuido de mim tomando banho".

A coordenadora, então, lhe pediu que pensasse outras formas através das quais poderia cuidar de si mesma:

"Rezando, indo à igreja. Sábado sempre vou. Escovando os dentes".

Em outra técnica, na qual as alunas se identificavam com uma cor, uma delas disse que "não deveria existir a cor preta"... e riu!

No terceiro encontro, a questão do estigma apareceu associada ao próprio ambiente doméstico, ali se misturando a conflitos de outros tipos: Uma aluna disse: "minha mãe me chama de macaco todo dia". Então, outra falou: "eu não brigo com minha mãe, todo dia. Ela é que briga comigo. Detesto isso. Fico triste". Ao que outra retrucou: "a minha, não briga não, espanca logo de uma vez..". Nesse momento, todas riram...

Uma das estratégias usadas pela coordenadora foi convidar, para participar de um dos encontros, uma mulher negra que estivesse levando à frente um projeto profissional e de estudos. Era uma aluna do terceiro ano de contabilidade do noturno na mesma escola. Durante o dia, trabalhava em um escritório de contabilidade. O grupo aprovou a idéia. No inicio do encontro, algumas das falas foram:

"– Você não faz faxina?"
"– Pensei que você trabalhasse lá limpando".
"– Como suas unhas são grandes! Você não tem que limpar a casa todo dia".
"– Eu já te vi! Você mora perto da minha casa".
"– Como você consegue fazer tantas trancinhas no seu cabelo? Deixa eu pegar nele?"

O grupo ficou encantado com o cabelo grande e trançado da moça. Ela conversou durante todo o tempo, respondendo perguntas que iam desde como fazia tranças até cuidados pessoais e seu cotidiano em casa, na escola, no trabalho, etc.

No encontro seguinte, utilizou-se uma outra estratégia: levar revistas criadas para a comunidade negra. O grupo manuseou as revistas com entusiasmo, comentando pontos positivos e negativos.

No decorrer dos encontros, o grupo começou a mostrar uma mudança em suas falas e percepções, evidenciando também mudanças na auto-estima e relação com sua etnia. É muito importante enfatizar que essa mudança não acontece como em um "passe de mágica", mas envolve um trabalho emocional. Dessa forma, aparece de maneira ambivalente. Nesse sentido, é que argumentamos que a instalação de uma ambivalência, onde antes só havia uma certeza negativa – o estigma, pode ser considerada "positiva". A coordenação pôde, então, trabalhar sobre a ambivalência no sentido de resgatar a dignidade e autonomia do sujeito.

"– Ser negro pode até ser bom".
"– Eu queria viver em um lugar onde todo mundo fosse negro...na África! Lá todos são negros?"
"– Eu queria mesmo era ser branca".
"– Ah! Eu não. Eu quero deixar o meu cabelo crescer. Não vou mais raspar". (Riu. Todas riram).

Os trabalhos foram encerrados no sétimo encontro devido à chegada das férias escolares. Sob demanda das alunas, foi combinado que o grupo continuaria a trabalhar no ano seguinte. Infelizmente, esse propósito demorou um pouco para se realizar. Nosso recomeço aconteceu, finalmente, em agosto de 2000.

Conclusão

O grupo gostou de sua experiência e pôde refletir sobre a questão do estigma, tendo iniciado um movimento de mudança nas representações sobre a cor da pele, origem social, etc. Podemos pensar, assim, em uma mudança inicial na sua identidade psicossocial, refletida em suas falas, problematização e ações. Houve *insight* a respeito da identidade do negro, da auto estima e de questões familiares relacionadas à experiência das alunas.

A realização do grupo também trouxe efeitos positivos entre os professores e para a escola. Os professores da manhã, turno freqüentado pelas alunas do grupo, se reuniram uma vez e expressaram a sua satisfação com o trabalho desenvolvido. A relação das alunas em sala estava mudando, para melhor, na opinião das professoras. Estas reconheceram a importância de se continuar o trabalho e, se possível, estendê-lo a outros alunos.

Nossa experiência comprova a importância de trabalhos semelhantes visando uma educação mais comprometida com a cidadania e a dignidade dos alunos. A Oficina não se coloca como uma terapia de grupo mas proporciona uma maior compreensão de si e do outro, a reflexão sobre o contexto, visando o *insight* e a elaboração de questões relevantes nesse contexto que possam vir a fortalecer o movimento de autonomia dos sujeitos.

Bibliografia

Apresentamos aqui a bibliografia utilizada para a análise, a bibliografia de apoio em relação a técnicas de grupo.

Bibliografia para análise da Oficina

AFONSO, Maria Lúcia M. "Oficinas em dinâmica de grupo: um método de intervenção psicossocial". In: AFONSO, M. L.M. (Org.) *Oficinas em dinâmica de grupo: um método de intervenção psicossocial.* Belo Horizonte: Edições do Campo Social, 2000.

BERSTEIN, M. "Contribuições de Pichón-Rivière à psicoterapia de grupo". In: OSÓRIO, L. C. e col. *Grupoterapia hoje.* Porto Alegre: Artes Médicas, 1986, p. 108-132.

BION, W. R. *Experiências com grupos: os fundamentos da psicoterapia de grupo.* Rio de Janeiro: Imago, Editora da Universidade de São Paulo, 1975.

BRAIER, E. A . *Psicoterapia breve de orientação psicanalítica.* São Paulo: Martins Fontes, 1986.

CADERNOS DE PESQUISA. Revista da Fundação Carlos Chagas. No. 63, São Paulo: Cortez, Nov 1997.

ENRIQUEZ, E. "O vínculo grupal". In: LÉVY, A et al. *Psicossociologia: análise e intervenção.* Petrópolis: Vozes, 1994. p. 56-69.

MAILHIOT, G. B. *Dinâmica e gênese dos grupos.* São Paulo: Livraria Duas Cidades, 1991.

PICHON – RIVIÈRE, E. *O processo grupal.* São Paulo: Martins Fontes, 1998.

Bibliografia de apoio para técnicas de grupo

FRITZEN, S. *Exercícios práticos de dinâmica de grupo.* Petrópolis: Vozes, 1982, vols 1 e 2.

MACRUZ, F. e col. *Jogos de cintura.* Belo Horizonte: Escola Sindical 7 de Outubro, 1992, 2ª Ed.

YOZO, R. Y. *100 jogos para grupos – uma abordagem psicodramática para empresas, escolas e clínicas.* São Paulo: Ágora, 1984.

A LEITURA DO GRUPO:
UMA OFICINA DE ALFABETIZAÇÃO DE ADULTOS ARTICULANDO PAULO FREIRE E PICHON-RIVIÈRE

Maria Lúcia M. AFONSO*
Stefânie Arca Garrido LOUREIRO*
Maria Amélia THOMAZ*

Em memória de Maria Xavier

"A história, então, como a entendemos, é a história da autoprodução humana, o que faz do homem um ser de possibilidades, que compõem sua essência histórica. Diferentes momentos históricos podem favorecer ou dificultar o desenvolvimento dessas possibilidades de humanização do homem, mas é certo que a continuidade desse desenvolvimento (concretização) constitui a substância do homem (o concreto, que em si é a possibilidade e, pela contradição interna, desenvolve-se levando as diferenças a existirem, para serem superadas)". Ciampa, 1988, p. 68.

Este trabalho relata uma experiência de alfabetização de adultos em Oficinas de Dinâmica de Grupo, abordagem teórica que combina Paulo Freire e Pichon-Rivière, ou seja, as referências teórico-metodológicas do Círculo de Cultura e do Grupo Operativo. A experiência foi bem sucedida sendo que, em 22 encontros de 90 minutos, o grupo de seis pessoas fez grandes aquisições na leitura e na escrita. Textos produzidos pelo grupo ilustram este artigo. Descrevendo e analisando a experiência, buscamos contribuir para uma postura educativa e uma metodologia de alfabetização de adultos, necessidade tão expressiva em nosso país. Acreditamos, ainda,

---

* Stefânie Arca Garrido Loureiro e Maria Amélia Thomaz coordenaram o grupo. Maria Lúcia M. Afonso foi supervisora. Todas participaram na elaboração e escrita do capítulo.

que a metodologia de Oficinas de dinâmica de grupo pode ser aplicada a problemas e contextos diversos, indo além do objetivo de alfabetização.

O Contexto da Experiência

Nossa experiência começou como estágio supervisionado em dinâmica de grupo, no curso de Psicologia da Universidade Federal de Minas Gerais, no primeiro semestre de 1999. Em um trabalho integrado com a Equipe Técnica do Programa de Abrigos da Prefeitura Municipal de Belo Horizonte, buscamos detectar e trabalhar as demandas da população atendida nos Abrigos para constituir grupos operativos, na forma de Oficinas de Dinâmica de Grupo. O Grupo de Alfabetização foi um dos primeiros a se constituir.

O Grupo funcionou em um dos cômodos do Abrigo Pompéia, onde são acolhidas famílias que perderam suas casas em situações de emergência. Cada família recebe um cômodo, com uma divisão para cozinha e uma área externa com tanque e banheiro. O Abrigo tem um campo de futebol e alguns equipamentos coletivos, inclusive cômodos reservados para atividades educativas e de lazer. As construções são de alvenaria e, embora pequenas, têm boas condições sanitárias. A administração se propõe a ser exercida dentro de uma metodologia participativa.

As famílias permanecem no Abrigo, em média, por nove meses e, no máximo, por dois anos, até que consigam comprar uma nova moradia, com ajuda da Prefeitura. É, portanto, uma população de passagem, em número flutuante, com renda familiar até dois salários mínimos e grau de instrução que raramente ultrapassa as quatro primeiras séries do ensino fundamental. A grande maioria trabalha no mercado informal e a situação de emprego é instável.

Apesar das condições adversas, a população se envolve nas atividades do Abrigo. O trabalho com alfabetização foi recebido com entusiasmo. O relato desta experiência foi dividido em cinco momentos que marcaram os saltos qualitativos do grupo, pontuando o seu desenvolvimento segundo o referencial teórico-metodológico de Paulo Freire e Pichon-Rivière.

Maria Lúcia M. Afonso (Org.)

A Oficina no Encontro de Freire e Pichon-Rivière

Em nosso trabalho, procuramos abordar a alfabetização como um processo que envolve o sujeito em suas dimensões subjetiva, interacional e política. Aprender a ler é a aprender a ler o mundo, interpretar, comunicar, rever. Também é aprender sobre si mesmo nesse mundo. Assim, optamos por um método dialógico e participativo, sensível às questões emocionais dos educandos e voltado para a função mobilizadora do campo grupal. Para nossa base teórica, recorremos ao psicanalista argentino Pichon-Rivière, com o seu "grupo operativo" e Paulo Freire, pedagogo brasileiro, com a concepção da educação para a autonomia e dos círculos de cultura.

Pichon-Rivière (1998) define o grupo como um conjunto de pessoas, ligadas no tempo e espaço, articuladas por sua mútua representação interna, que se propõem explícita ou implicitamente a uma tarefa, interatuando para isto em uma rede de papéis, com o estabelecimento de vínculos entre si. Coerente com esta definição, sua teoria sobre o grupo dá grande importância aos vínculos sociais, que são a base para os processos de comunicação e aprendizagem, uma vez que o sujeito – como sujeito social – se constitui na relação com o outro.

O grupo é uma rede de relações em que os membros se vêem vinculados tanto por uma tarefa (objetivo) consciente, quanto por elementos emocionais e inconscientes. Tarefa e afeto compõem a rede grupal e são interdependentes (Pichon-Rivière, 1998). Assim, em um grupo de alfabetização, a tarefa externa – a alfabetização – pode ser dificultada ou facilitada pela dimensão afetiva do grupo. Buscando ser dinâmico, reflexivo e participativo, o grupo operativo se propõe a trabalhar as interrelações da tarefa e do afeto, para que o grupo venha a realizar os seus objetivos. O papel do coordenador é facilitar esse processo (Pichon-Rivière, 1998). O princípio da autonomia informa todo o processo de cooperação, comunicação e aprendizagem no grupo operativo.

As dificuldades de aprendizagem não são apenas cognitivas. Muitas vezes estão relacionadas a medos que envolvem aspectos psicológicos e interacionais, que devem, então, ser tratados no grupo. A resistência à mudança provoca entraves psíquicos e afetivos à aprendizagem e à comunicação no grupo (Pichon-Rivière, 1998). O coordenador tenta criar uma atmosfera grupal onde os participantes se sintam pertencentes à rede grupal, possam se identificar, comunicar e elaborar essas dificuldades. O grupo é uma espécie de continente que contém a angústia e os medos dos participantes, com a atitude ativa do coordenador. Os processos vividos no grupo geram uma ressonância e um membro serve de suporte para processos psíquicos de outros (Pichon-Rivière, 1998).

No grupo operativo, busca-se estabelecer uma matriz de comunicação, ou ECRO, que sirva de referência para a comunicação no grupo, visando a tarefa. Esta depende do campo operativo do grupo: sua percepção, interação, linguagem (Pichon-Rivière, 1998). É justamente em função da tarefa que o grupo e o coordenador, buscam trabalhar suas dificuldades.

Inicialmente, o grupo pode ser dominado por mecanismos de dissociação e fuga, de medo, intolerância e postergação da tarefa. Não se vêem capazes dela. Na medida em que a rede grupal acolhe os participantes e lhes serve de continente para a angústia e ansiedade, o grupo começa a romper com o negativismo e a estereotipia e avança na tarefa (Pichon-Rivière, 1998).

Esses momentos não seguem uma lógica linear. Pelo contrário, todo grupo apresenta ambivalências, regressão diante de seu processo, o que torna necessário o contínuo trabalho de organização e mobilização da rede grupal (Pichon-Rivière, 1998).

Em uma espiral dialética, o grupo passa por momentos de estruturação, desestruturação, reeestruturação. Cada ciclo traz mudanças. Para essa espiral dialética, contribuem os processos grupais de formação de um sentimento de pertencimento, de comunicação, cooperação, tele (articulação dos participantes entre si no campo grupal), aprendizagem e pertinência (capacidade de problematizar e propor soluções). As identificações entre os membros, o respeito às diferenças e histórias de cada um e a relação com a coordenação são essenciais. O coordenador ajuda o grupo a avançar nesse processo, trabalhando sobre a tarefa e as dificuldades que ela traz para o grupo.

A aprendizagem vai além da mera incorporação de informações e pressupõe o desenvolvimento da capacidade de criar alternativas – através dela percebe-se o grau de plasticidade grupal frente aos obstáculos e a criatividade para superar as contradições e mesmo integrá-las. Com a atenuação da ansiedade básica, o grupo pode operar melhor seus afetos e a tarefa. A aprendizagem está interrelacionada à comunicação e o grupo precisa compreender seus obstáculos à comunicação para analisar os obstáculos à aprendizagem. Ao mesmo tempo, é apenas na dimensão da tele, que o grupo consegue deslanchar todos os seus outros processos (Afonso, 2000).

Também Paulo Freire trabalhou o seu método de alfabetização no que chamou de "círculos de cultura". Defendeu a concepção de uma aprendizagem dinâmica onde a motivação do educando e a relação da aprendizagem com a vida são fundamentais e onde essa dinâmica seja empreendida pela ação de sujeitos sociais (Freire, 1976 e 1980).

Já na década de 1950, no Brasil, Freire formulou um método que levasse não apenas ao aprendizado formal da leitura/escrita, mas a uma compreensão crítica do sujeito sobre seu contexto (leitura do mundo) e de si próprio nesse contexto. Propôs um método dialógico, baseado na linguagem e na cultura dos sujeitos como sujeitos de uma cultura (Freire, 1976 e 1980, Afonso, 2000).

O enfoque dialógico e reflexivo da educação supõe uma dialética da autonomia e heteronomia do sujeito no contexto. Ou seja, a aprendizagem é a realização de um sujeito da linguagem, em interação social. Reunidos no "círculo de cultura", os alfabetizandos empreendiam a tarefa de se educarem, vencendo obstáculos não apenas cognitivos mas também ideológicos, isto é, passando de uma visão ingênua de seu estar no mundo, para problematizar esse mundo e poder expressá-lo em uma nova linguagem-compreensão (Freire, 1980, Afonso, 2000).

O trabalho de alfabetização se iniciava a partir do levantamento de formas linguísticas e de questões relevantes da cultura e da vida dos educandos, que servia de base para os materiais utilizados. Cada "aula" era um encontro de reflexão – um círculo de cultura (Freire, 1980). Cada encontro era organizado a partir de uma "palavra geradora", que codificava aspectos importantes da cultura do educando, estimulando a sua leitura crítica. A seqüência do método era: apresentação da palavra geradora, decodificação da situação-problema, retorno à palavra-geradora, trabalho com as sílabas (ficha da descoberta), criação de novas palavras a partir das sílabas, exercícios de escrita (Freire, 1980).

Assim, enquanto uma "habilidade" era adquirida, um mundo se abria para a leitura, em um processo "ativo, dialogal, crítico e criticizador". Simples no que dizia respeito aos recursos técnicos, o método centrava-se na possibilidade de sensibilizar e refletir em torno de situações existenciais do grupo: situações-problemas, cujo debate desafia o grupo à reflexão e aprendizagem (Freire, 1980).

Acreditamos que, entre o grupo operativo de Pichon-Rivière e o círculo de cultura de Paulo Freire, existem afinidades ligadas a uma compreensão da aprendizagem como processo dialógico e baseado no desejo e autonomia dos educandos. No caso de Freire, esta análise revela as concepções ideológicas que reproduzem o assujeitamento do educando. No caso de Pichon-Rivière, a análise inclui todos os elementos conscientes e inconscientes que perturbam, no grupo, a realização de seu projeto. Para ambos, o coordenador não pode se colocar como o detentor da verdade, mas sim como alguém que trabalha com o desejo do grupo e seus entraves à aprendizagem e à elaboração (Pichon-Rivière, 1998; Instituto Pichon-Rivière, 1991; Freire, 1976 e 1980, Afonso, 2000).

Com esta articulação, introduzimos, em nossa metodologia, técnicas lúdicas de dinâmica de grupo, que propiciam a abertura perceptual do educando, mobilizam as relações no grupo, facilitam a comunicação e os vínculos. O grupo aparece como matriz de trocas simbólicas e afetivas que favorece a aprendizagem. Nele, então, enfatizamos o desejo do educando, suas interações, seu cotidiano, seus projetos. A aprendizagem passa a ser uma apropriação de um bem simbólico e afetivo: a escrita e a leitura, que terão valor de inclusão social, construção de identidade, fortalecimento da autoestima. A lógica da aprendizagem é a lógica da descoberta de si e do outro, da troca simbólica e afetiva (Afonso, 2000).

Seguindo a metodologia da Oficina, organizamos sempre os encontros em 3 momentos: mobilização, tarefa e reflexão, e síntese. Também procuramos, ao longo do processo, estar atentas às fases do grupo: formação de identidade e vínculos, comunicação em torno da tarefa, descoberta de diferenças e semelhanças, aprendizagem e elaboração, e o trabalho de luto, ao final do grupo.

Demanda e Composição do Grupo de Alfabetização

Os contatos iniciais com a Equipe Técnica dos Abrigos ocorreram em fevereiro de 1999 e o estágio supervisionado teve início em abril, com visitas aos Abrigos e a formação de grupos. O Grupo de Alfabetização aqui relatado foi um dos seis grupos formados, cada qual com um objetivo distinto e coordenado por uma dupla de estagiárias, que recebia supervisão semanal da professora responsável. As sessões de supervisão eram integradas. A professora reunia-se quinzenalmente com a Equipe Técnica e, ao longo do semestre, foram realizadas 3 plenárias, com toda a Equipe Técnica, a professora e as estagiárias. Nos Abrigos, a Equipe Técnica trabalhava diretamente em contato com a população.

Para o Grupo de Alfabetização foram abertas inscrições no Abrigo Pompéia e 10 adultos, com idades entre 21 e 70 anos, se mostraram interessados. Foram avisados com antecedência mas, no primeiro encontro, apenas 4 compareceram. O cômodo onde o grupo funcionou tinha uma estante com livros, alguns bancos rústicos e uma mesa improvisada, que acabou quebrando. Apesar dos poucos recursos, destacava-se a boa qualidade dos livros de poesia e literatura infantil à disposição dos usuários; por exemplo, livros tridimensionais como *O Sapo Bocarrão*, poesias de Cecília Meireles e outros. Das duas estagiárias coordenadoras, uma tinha experiência como professora de português de ensino fundamental e médio.

O primeiro a chegar foi o Sr. Alberto, de 72 anos, casado, pai de 5 filhos com idades entre 1 ano e meio e 11 anos. Aparentava vigor, dinamismo e grande simpatia. Desde o início demonstrou disposição para aprender a ler e escrever. Conhecia algumas letras soltas e havia aprendido a escrever o seu nome há anos atrás, no garimpo. Junto com ele, chegaram algumas crianças.

Nos Abrigos, a necessidade de atividades e lazer era sentida principalmente pelas crianças, que circulavam durante o dia por todo o espaço, e não perdiam uma oportunidade de ver o que estava acontecendo e, se possível, se integrarem. Aos poucos, passavam a participar também. Nós aceitamos isso, desde que o próprio grupo permitisse. Mas, neste primeiro encontro, foram repreendidas pelo Sr. Alberto pois, segundo ele, "podiam tirar a sua concentração". Como será notado, as crianças voltaram a participar em outros encontros.

Ana Alice, esposa do Sr. Alberto, também veio. Era uma mulher de 27 anos que tinha algum conhecimento sobre leitura e escrita, alcançados por esforço próprio. Seu sonho – que, notem bem, estava situado no passado – era ter podido freqüentar a escola desde criança. Ela e o Sr. Alberto pouco saíam de casa, exceto para ir à igreja. Ambos desejavam ler a Bíblia e nos contaram que, nos cultos religiosos, seguravam o livro aberto, como se estivessem acompanhando a leitura...

Joana, na faixa de 50 anos, mãe de três filhos adultos, queria aprender a ler e escrever. Contou que já conhecia algumas sílabas, poucas palavras e assinava o nome. Aprender a ler e escrever estava associado a uma melhoria de vida, para ela.

A última a chegar foi Imaculada, na faixa dos 40 anos, muito risonha, mãe de 10 filhos. Sabia escrever seu nome e conhecia algumas letras. Queria muito aprender a ler e escrever pois, trabalhando como cozinheira, em um restaurante, sabia todas as suas receitas "na cabeça" e sonhava, um dia, colocá-las na forma escrita, no papel.

No dia do quarto encontro, o grupo ganhou mais duas participantes. Rosa, mãe de dois filhos, que trabalhava na pequena oficina de vassouras do Abrigo, participou apenas de dois encontros, logo se mudando do Abrigo. Simone, com 20 anos e mãe de três filhos, sabia ler e escrever mas queria "aprender mais".

Assim, o desejo de cada um se entrelaçava ao objetivo do grupo, formando a possibilidade de identificações e uma base para troca de experiências. Em sua motivação, o grupo desde o início recebeu as coordenadoras com muito afeto. Essa relação de transferência na rede grupal foi essencial para a realização da tarefa, como veremos, em vários momentos quando o desejo das coordenadoras sustentava e desenvolvia o desejo do grupo... e vice-versa!

O Processo Grupal: Identidade e Vínculos no Campo Grupal

Desde o início, as coordenadoras buscaram favorecer o conhecimento e a coesão entre os membros, facilitando a formação da identidade do grupo, do campo grupal e da rede de vínculos.

No primeiro encontro, utilizamos a técnica *"nomes e características em cadeia"*, com uma adaptação: Com o grupo em círculo, pediu-se a cada pessoa que dissesse o seu nome e o nome de alguma coisa que fosse importante para ela. O que cada um falava era repetido pelo próximo da roda, de forma cumulativa, até que a palavra retornava ao primeiro que falou e que repetiu tudo o que todos disseram. A repetição, feita de maneira lúdica, promove a memorização dos nomes e a atenção entre os membros.

Nessa primeira técnica, as coordenadoras "entraram na brincadeira", iniciando a sequência, com a escolha das palavras "amizade" e "companheirismo". Um pouco por essa influência – que no momento apontava para uma transferência positiva – e um pouco por que em seu primeiro encontro o grupo tende a reforçar o imaginário da coesão, a palavra amizade foi escolhida por todos os componentes ao se apresentarem. Joana, entretanto, introduziu a diferença necessária pois, ao dizer a palavra amizade, fez uma ressalva: "*Eu gosto da amizade, mas muito não, porque só algumas pessoas são amigas, eu fui traída por minha melhor amiga. Ela acabou com meu casamento de 30 anos*".

Deixou-se que ela expressasse esse sentimento e, a cada um que se apresentava, ela fazia comentários semelhantes sobre a amizade. Então, Imaculada, sorrindo bem humorada, lhe sugeriu que ela não gostava de amizade. Mas Joana, séria, discordou. Uma troca importante estava sendo feita naquele momento.

Após essa atividade, solicitou-se que cada um escrevesse seu nome em uma folha de papel pardo, utilizando sua cor preferida. A partir dos nomes, explorou-se o conhecimento das vogais, de forma lúdica, utilizando o próprio ambiente da sala, conforme as formas dos objetos. Por exemplo, a letra 'O' foi "encontrada" num quadro redondo pendurado na parede, no bojo redondo do tanque e no vaso sanitário.

Cada vez que se encontrava a forma de uma vogal no ambiente, todos riam. Pedimos que passassem o dedo nos objetos, acompanhando a forma das letras, o que continuaram fazendo como uma brincadeira. Assim, o olhar que vinha da rigidez das formas desconhecidas de uma escrita que era alheia – o Livro indecifrável, a "receita" na cabeça, o nome desenhado – começava a tomar outro sentido: o olhar que brinca, que escorrega pelas formas, o gesto que toca e sente a escrita no mundo.

Passamos, então, para o levantamento das primeiras *palavras geradoras,* conforme a denominação de Paulo Freire. Entretanto, aqui, já fizemos uma interligação do método Paulo Freire com o grupo operativo pois, em vez de um levantamento prévio do universo vocabular do grupo, preferimos deixar que cada um escolhesse a palavra de sua preferência, que se tornava "geradora" a partir da subjetividade – uma subjetividade desde sempre inserida em um contexto social (Freire, 1980; Pichon-Rivière, 1998; Instituto Pichon-Rivière,1991).

O Sr. Alberto lembrou-se da palavra *"árvore"*, disse que *"gostava de seus galhos e de sua sombra"*. Joana citou *"aluna"*: *"quero aprender";* Imaculada disse *"aula"*: *"quero ter aula";* Ana Alice também disse *"aula"* e acrescentou: *"aula é importante"*. Tomadas em seu conjunto, vemos que as palavras-geradoras mostravam uma disposição grupal para a tarefa.

Essas palavras e outras, surgidas nos primeiros encontros, foram escritas em cartolinas e trabalhadas com o grupo: foram recortadas letras avulsas, para que montassem a palavra sobre a que estava escrita na cartolina, facilitando o reconhecimento visual e auditivo dos fonemas na formação das palavras geradoras. Feito isso, e tendo lido, a pessoa era convidada a montar a palavra sobre a mesa, como um quebra-cabeça mas podendo olhar a palavra escrita na cartolina.

Foram feitas também fichas com os nomes de cada um e as palavras que haviam escolhido para que as levassem para casa e as deixassem num lugar do qual gostassem e de onde pudessem vê-las, lê-las e copiá-las durante a semana. Assim, desde o início, o apelo ao "gostar" e "identificar-se" com a tarefa foi mobilizado e mobilizou o grupo.

Para finalizar, utilizamos a técnica *"dar e receber"*, que sugeria o fortalecimento do vínculo grupal. Os participantes formavam um círculo e, de braços abertos, davam-se as mãos, colcando uma mão voltada para cima, como quem entrega algo, e a outra voltada para baixo, pousada sobre a mão estendida do parceiro, como quem recebe. Em seguida, invertia-se a posição das mãos e aquela que doava passava a receber, e vice e versa. Logo após, comentava-se. Imaculada disse que *gostava de dar, mas de receber também; quando não ganhava nada também não dava*. O grupo gostou tanto dessa técnica que ela foi repetida várias vezes ao longo do nosso trabalho.

Dar e receber é uma operação contida no vínculo social e está associada tanto ao prazer quanto ao conflito. Lembra as carências, as frustrações, as angústias das trocas, mas também lembra a reciprocidade, o cuidado, os projetos comuns. As coordenadoras podem, procurando não ultrapassar o movimento do próprio grupo, lembrar-lhe do quanto dar e receber está envolvido em nossas relações e nos traz tristezas e alegrias. No final de um encontro de grupo, marca-se a alegria da tarefa, elemento indispensável para "mobilizar" o desejo na relação com os coordenadores.

No início de cada encontro, revisavam-se as palavras geradoras do anterior. Iniciamos também a formação de "famílias fonêmicas". Por exemplo, com a palavra **aula**, trabalhou-se a família "la-le-li-lo-lu". A cada palavra formada pelos participantes eram feitos comentários no sentido de ampliar a compreensão das mesmas. Essa era uma ocasião para falar sobre a palavra no contexto da vida. Surgiam histórias, reflexões e emoções. Era a aprendizagem grupal, no sentido do grupo operativo, se processando: a tarefa e tudo o mais o que ela traz para a vida.

Outro exemplo de técnica, utilizada nessa fase, foi o "*nome de bichos*", que favoreceu o reconhecimento de si e do outro: cada participante fala o nome de um bicho, cor ou árvore que gostaria de ser e por quê. Por meio dessas metáforas, fica facilitada a expressão de características pessoais, desejos e projetos, como "*Pássaro para voar para bem longe*" ou "*Papagaio para ficar falante*".

Junto a essa técnica trabalhamos a coordenação motora fina. Assim, a cada palavra falada no "coro dos bichos", o participante colocava um pedaço de canudo plástico em um barbante e o passava para a pessoa ao lado. Assim, procuramos explorar ao máximo cada técnica em seu potencial de (a) interação e comunicação e (b) desenvolvimento das habilidades vinculadas à tarefa, no caso a leitura e escrita.

O quarto encontro trouxe um momento de muita interação, a partir de um *insight* de uma coordenadora, que ficou sabendo, com apenas meia hora de antecedência, que sua colega não poderia comparecer naquele dia. Um pouco asssustada e ansiosa por ter de coordenar sozinha, teve a idéia de promover um lanche coletivo, o que resultou ser excelente para o grupo. A manhã estava muito fria e a coordenadora contou ao grupo que havia trazido bolachas, uma lata de café-com-leite solúvel e copos descartáveis. O grupo logo se dispôs a trazer o que "faltava" para o café coletivo.

Ana Alice trouxe água quente em uma marmita de alumínio. O Sr. Alberto trouxe um pano de prato para forrar a mesa e Rosa trouxe um prato. Nesse dia, Simone ficou observando pela janela aberta do cômodo e nos pediu para participar. Foi bem acolhida pelo grupo. Começamos a lanchar e pedimos a Ana Alice que lesse a palavra "*café*" na lata do café solúvel. Depois, cada participante leu a palavra "café". Após se trabalhar "fa-fe-fi-fo-fu", pediu-se para formar outras palavras.

Nesse momento, o Sr. Alberto se lembrou da palavra *"favela"*. Então, todos ficaram em silêncio, se entreolharam, parecendo perceber algo em comum ao grupo. Após alguns instantes, a coordenadora disse que depois trabalhariam esta palavra. Ana Alice anotou a palavra "favela" junto com as outras palavras surgidas no encontro, assumindo, por sua iniciativa, o papel de auxiliar, já que a outra coordenadora não estava presente. A coordenadora agradeceu a sua colaboração.

Nesse dia, as crianças, que normalmente acompanhavam os pais, também participaram do lanche coletivo. Naquele contexto, comer junto é um momento de muita significação. No final desse encontro o senhor Alberto disse, com os olhos marejados, que sua vida tinha sido salva por esse encontro, que fora muito importante para ele.

Dissemos a ele que a sua participação também estava sendo fundamental para o grupo pois foi ele que nos mostrou que havia uma árvore no alto da pedreira que circunda o abrigo, o que foi motivo de alegria para todos.

A palavra *favela* mobilizou os presentes e foi trabalhada nos demais encontros. Em um deles, o Sr. Alberto fez a frase: *"A favela é alegre. Eu passo e vejo as pessoas cantando. Eu senti aquela alegria"*. Tornava-se possível para ele mostrar a sua realidade e, apesar da pobreza, revelar o lado humano. Era uma forma de inverter a identidade negativa que, de certa forma, aparece como obstáculo à aprendizagem – obstáculo epistemofílico, no termo de Pichon-Rivière.

Procurávamos, então, desenvolver o campo grupal para possibilitar a circulação da palavra e o enfrentamento desses obstáculos:

> *"O grupo deve configurar um esquema conceitual, referencial e operativo de carácter dialético, onde as principais contradições que se referem ao campo de trabalho devem ser resolvidas durante a própria tarefa do grupo. Todo ato de conhecimento enriquece o esquema conceitual, referencial e operativo, que se realimenta e se mantém flexível ou plástico (não estereotipado)".* (Pichon-Rivière, 1986, p. 94)

Maria Lúcia M. Afonso (Org.)

O Processo Grupal: Comunicação e Aprendizagem no Campo Grupal

Os participantes já estavam sendo capazes de formar pequenas frases e descobrir novas palavras com as sílabas trabalhadas. O grupo estava mais coeso em torno de sua tarefa de "aprender". A proximidade do final do semestre – e do estágio – criava certa ansiedade. Combinamos, então, de estender o nosso trabalho até o final de setembro.

Nessa ocasião, foi proposta a montagem de um pequeno livro com os trabalhos produzidos pelos participantes, objetivo que foi imediatamente encampado pelo grupo. Assim, prosseguimos combinando elementos do processo grupal com o desenvolvimento do novo projeto.

Trabalhando com a noção de limite no grupo, utilizamos a técnica "*espaço comum*". Os membros formam um pequeno círculo, ficando sentados bem próximos. Pede-se que abram braços e pernas, e depois, os movam para frente e para os lados, com os olhos fechados. Depois, comentamos e vimos que a proximidade pode ser tão difícil quanto a distância nas relações entre pessoas.

A princípio, Imaculada não queria "brincar": "*não gosto, pois criança é que brinca*". Explicamos que a criança, quando brinca, aprende coisas de adulto e, quando o adulto brinca, aprende a ser como uma criança diante do mundo. Ela então se juntou à roda. Depois, disse que não havia sentido nada, mas, em seguida, mostrou uma marca de queimadura no braço, contando que, na cozinha do restaurante onde trabalha, "não tem espaço" e ela se acidentou com água fervente. As marcas do trabalho, do espaço e da falta de espaço vão aparecendo...

Continuamos os trabalhos com palavras geradoras. Os participantes já liam com maior consciência, sem estar "adivinhando" a palavra. Um dia, o Sr. Alberto, emocionado, nos contou que "*tenho vergonha quando estou na igreja e finjo que leio a bíblia. Eu quero ler a bíblia*". Trabalhamos, então, a palavra bíblia, que foi muito usada em outros encontros.

Em outro encontro, iniciamos com a técnica "*igualdades e diferenças*" para mobilizar o grupo. Os participantes se olham e dizem uma semelhança e uma diferença que percebem entre si e outras pessoas do grupo. Ao mesmo tempo, trabalhamos a motricidade fina: cada participante, ao falar, passava um barbante por grampos presos em um papelão, formando as letras L e N.

Assim, falando e fazendo, foi iniciada uma "ciranda" de semelhanças: *"Eu sou trabalhadeira como Imaculada"*, *" Eu sou igual a Simone nos cabelos e na cor"*; *"Eu sou igual ao Sr. Alberto no respeito às pessoas"*; *"Eu sou igual a Ruth na cor"*. Também as diferenças formaram uma ciranda: *"Eu sou diferente da Imaculada, porque eu gosto de brincar e ela não"*; *"Eu gosto de rir, e Ana Alice não"*; *"Ruth tem filha mulher e eu não"*; *"Eu sou diferente do Sr. Alberto na idade"*; *"Ela é mãe de família e eu sou pai de família"*.

Discutiu-se um pouco sobre as igualdades e diferenças surgidas no grupo, visando mais uma vez trabalhar a identidade do grupo. Trabalhou-se a alfabetização através das famílias "la-le-li-lo-lu" e "na-ne-ni-no nu". Formaram palavras com essas sílabas. Cada um escrevia e lia para o grupo, recebendo atenção.

Ao final de cada encontro, um "*para casa*" era passado, focalizando as palavras trabalhadas e acrescentando um pouquinho de dificuldade, considerando o desenvolvimento de cada pessoa. Para Ana Alice pedia-se para escrever pequenas histórias. Sua primeira história foi "*A aula*". Para os outros membros pedia-se cópias e a criação de pequenas frases. No início de cada encontro as coordenadoras olhavam os "para casas", colocando observações "ótimo" e "parabéns". Depois, cada um lia para o grupo o seu "para casa", da forma como conseguiam, sendo respeitados em seu ritmo de leitura.

Uma brincadeira deixou o grupo eufórico: a "*repetição dos sons*". Cada membro diz o nome de algo importante para si e faz um som. Em roda, cada um repete a palavra e o som do anterior, acrescentando outra palavra e som novo. Ana Alice achou *"que foi o dia mais alegre da aula"*. Sugerimos a ela que escrevesse uma pequena história sobre esse dia. Nessa fase já lhes pedíamos que escrevessem pensando em nosso projeto de livro. Simone escreveu sobre "*os meninos do Brasil*".

Pediu-se a Ana Alice que preparasse a leitura do livro infantil *O Sapo Bocarrão*, que seria lido para todos ao final do próximo encontro. As crianças foram convidadas e sentaram-se no chão da pequena sala, prestando muita atenção. Receberam balas e foram estimuladas a fazer e responder perguntas. Ao final, todos bateram palmas. Prazer e aprendizagem, comunicação e aprendizagem, eram processos simultâneos que iam se integrando à experiência do grupo.

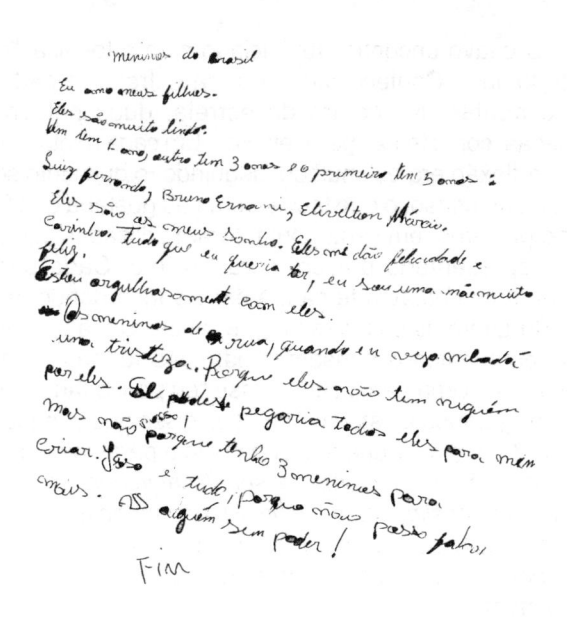

O Processo Grupal: Tele, Cooperação e Operatividade no Grupo

Os encontros se iniciavam, como nas fases anteriores, com uma brincadeira que tinha como objetivo fazer um aquecimento e mobilizar os temas no grupo. Logo após, o para-casa era revisto e retomados os conteúdos do encontro anterior. Os participantes criavam frases, com pedaços de sílabas coladas em cartolina espalhados sobre a mesa. Liam suas frases para o grupo e as copiavam nos cadernos. Procurávamos enfatizar sua posição no grupo como sujeitos capazes de criar com a linguagem e se expressar no mundo, seguindo o pensamento de Freire:

"Pensávamos numa alfabetização que fosse em si um ato de criação, capaz de desencadear outros atos criadores. Numa

alfabetização em que o homem, porque não fosse seu paciente, seu objeto, desenvolvesse a impaciência, a vivacidade, característica dos estados de procura, de invenção e reivindicação". (Freire, 1980, p. 112)

O oitavo encontro foi iniciado com a técnica "*estrela de cinco pontas*". Confeccionou-se uma estrela de cartolina com quatro pontas. No centro da estrela, duas palavras foram colocadas, como temas para reflexão. Em cada ponta, um aspecto dessa reflexão era estimulado, seguindo: o que sinto sobre este tema, o que penso, o que faço e como eu gostaria que fosse. Em vez de palavras, em cada ponta, foram utilizadas figuras: o que sinto, representado por um coração, etc. Cada participante escolheu uma palavra-tema e a estrela foi rodando de mão em mão. Surgiram as palavras "vila" e "aula". Cada um falou sobre seus sentimentos e pensamentos, suas formas de agir, suas esperanças. Uma participante disse "eu penso tanta coisa!"

Segurando a estrela, Ana Alice disse que chegou a pensar em sair do grupo porque não tinha feito o para-casa, mas decidiu continuar: *"Eu me sinto uma pessoa desanimada... eu sinto assim, uma pessoa desligada...sozinha. Eu não tenho tempo para nada, só para cuidar de menino. Esse tempo, aqui, eu me sinto bem. Aprender... mais alegre, com todo mundo. Eu estou gostando desse momento".*

Nesse dia, usamos novamente a técnica "*dar e receber*" para finalizar o encontro, que havia sido muito emocionado. Joana, que nos primeiros encontros apresentava uma resistência à palavra "amigo", disse: *"Como é bom ter amigos".*

Aproximava-se a festa junina do Abrigo que seria realizada com a participação de toda a comunidade, inclusive dos moradores da vila contígua. O Grupo de Alfabetização manifestou interesse em colaborar. Combinou-se que o grupo escreveria placas com as palavras: *lixo, plástico, vidro, papel*. Estas seriam pregadas nos latões de lixo, que também seriam enfeitados pelo próprio grupo com papel colorido e bandeirinhas.

Um encontro foi dedicado para a realização dessas tarefas, em comum acordo com a Equipe Técnica da direção do Abrigo, cujo apoio era indispensável para a nossa atuação. Iniciamos esse encontro com um "*abraço coletivo*" e a seguir falamos sobre a reciclagem de lixo. Todos comentaram o tema. Escreveram as placas com entusiasmo. Enfeitaram as latas e pregaram as placas de cartolina.

Durante o encontro, as palavras citadas foram trabalhadas. O Sr. Alberto disse: *"Se um pobre passar aqui e ver essa lata vai achar tão lindo que vai querer levar para ele"*. Depois de enfeitados, os latões de lixo foram colocados em frente às barracas da festa. Voltamos para a sala e começamos a trabalhar com as palavras surgidas na atividade. A palavra lixo suscitou questões sobre o **ch** e **x**. Trabalhamos o ch e sua "família" com a palavra chá... e marcamos um chá para o encontro seguinte. O grupo se mostrou satisfeito em participar daquela maneira da preparação da festa junina.

No dia marcado para o chá, cada membro do grupo trouxe uma colaboração: prato, pano de prato, copos, açúcar e colheres. Tiramos fotos de todo o grupo, enquanto lanchavam. As mães presentes pediram que seus filhos fossem fotografados e, no encontro seguinte, as fotos lhes foram presenteadas.

Ana Alice participou do chá sem parar de escrever uma história que já havia iniciado. O Sr. Alberto se lembrou de um amigo chamado "Massu", que não via há muito tempo. Pedimos que falasse sobre o seu amigo e propusemos escrever o seu nome, introduzindo as famílias sa-se-si-so-su e ma-me-mi-mo-mu. Foram formadas palavras com essas sílabas e outras já conhecidas.

Nesta fase, capazes de formar e ler frases, os próprios sujeitos já buscavam apreender mais dificuldades, descobriram que podiam aprender. Nós começamos a introduzir ditados e fichas com as várias palavras-geradoras surgidas nos encontros. Eles faziam essas tarefas com facilidade, nos indicando uma avaliação positiva do processo grupal quanto à realização da tarefa. Reconheciam que estavam aprendendo. Imaculada já se preocupava com a pontuação das frases de suas histórias... queria escrever como nos livros. Novas dificuldades foram trabalhadas, como na palavra 'sabão', para introduzir o fonema "ão".

Procurando trabalhar a auto-estima, levamos a técnica de *"rasgar papel"*. Cada pessoa ganhou uma folha de papel. No primeiro momento, uma coordenadora diria frases sobre coisas que abalam a auto estima e cada pessoa cortaria, de sua folha de papel, um pedaço de tamanho correspondente à importância que dava àquilo. Assim, sucessivamente, até picar todo o papel. No segundo momento, seriam lembradas coisas que aumentam a auto estima. As pessoas iriam montando a folha de papel, escolhendo entre os pedaços picados, aquele cujo tamanho melhor representasse a importância dada à frase dita. Todos fizeram comentários sobre a auto estima.

Nesse dia, introduzimos a família do **P**. A palavra geradora levantada por eles foi "pipoca", que era ligada à festa junina que estávamos preparando. Eles formaram: papel, papai, pipa, porta, pêra, panela. Quando havia alguma dificuldade em alguma letra nova, passava-se o dedo sobre a mesma várias vezes e depois o lápis ou pincel atômico. Todos gostavam de usar os pincéis e escolhiam as cores de sua preferência. Trabalhou-se também a família do **R**, a partir da palavra porta. Todos leram e formaram a palavra rua. Ana Alice e Joana disseram que, com elas, o milho não estoura, queima e não dá pipoca. Imaculada disse que conseguia fazer pipoca. Comentaram como era gostoso escrever a palavra pipoca. Terminamos conversando sobre auto-estima e combinando de fazer pipoca no encontro seguinte. Como das outras vezes, cada um trouxe uma contribuição: panela, açúcar, sal, pano de prato. Imaculada fez a pipoca, explicando o procedimento para o grupo. Cada um fez uma "panelada". As crianças, mais uma vez, se juntaram a nós!

O Processo Grupal: Luto e Elaboração no Grupo

O movimento de abertura e crescimento do grupo era visível. Eles mesmos comentavam mudanças ocorridas em seus hábitos diários. Ana Alice, que só saía de casa para ir à igreja, passou a participar das reuniões do abrigo, inclusive levando os filhos consigo. Passou a ser monitora no abrigo, trabalhando com grupos de crianças e chegou a escrever sobre o seu novo trabalho. Joana, que muitas vezes havia chegado alcoolizada, havia parado de beber e se separado do marido, que a agredia fisicamente. Todos estavam lendo e escrevendo, usando memórias ou fatos do cotidiano. Imaculada passou a "escrever suas receitas", que sabia "de cor". Estávamos no final de agosto e era tempo de finalizar o nosso trabalho. Mas, para isto, precisávamos preparar o grupo, com pelo menos um mês de antecedência: seria preciso viver o luto pela perda do grupo e a elaboração pela tarefa realizada.

No encontro seguinte, Imaculada pediu para seu filho de seis anos que fosse nos avisar que ela "estava dormindo e não iria".

Uma das coordenadoras escreveu um bilhete chamando Imaculada para o grupo e o seu filho voltou para casa com o papel. Passados alguns minutos, ela entrou, radiante, porta adentro: *"Eu li o bilhete, eu li o bilhete".*

Explicamos ao grupo, com muito cuidado, que teríamos apenas mais quatro encontros, uma vez que eles já estavam lendo e escrevendo. A reação do grupo foi muito maior do que a que esperávamos. Subitamente, eles se mostraram regredidos, revoltados, magoados conosco. Ana Alice abaixou a cabeça e começou a riscar o caderno, com força. O Sr. Alberto se emocionou às lágrimas e disse o quanto havia sido importante o grupo para ele. Imaculada disse que não ia falar nada e abaixou a cabeça.

Nós procuramos, então, estimular que todos falassem mais de seus sentimentos. Dissemos o quanto aprendemos com eles e Ana Alice nos criticou: *"Você aprendeu sobre a favela. Aquele negócio da favela. É só".* Recordamos com o grupo as contribuições de cada um. As poesias de Ana Alice, as receitas de Imaculada, a filosofia de vida do Sr. Alberto, a solidariedade de Simone, a disposição para participar de Joana.

Fizemos novamente o *"dar e receber".* Distribuímos argila para que cada um fizesse uma frase com ela. As letras foram sendo modeladas. Imaculada disse que não gostava de pegar em argila e disse: *"Eu tenho raiva, muita raiva".* Depois, contou para o grupo que, quando era empregada doméstica, os meninos sujavam as paredes com argila e isto a incomodava. Disse que foi bom ter contado isso. Todos expressaram seu sentimentos com relação ao término do grupo. O Sr. Alberto pediu para as crianças saírem e fechou a porta, como fez nos primeiros encontros, dizendo que elas estavam atrapalhando e o deixavam nervoso.

O trabalho com a argila e a possibilidade de falar dos sentimentos surtiram o efeito de conter a angústia do grupo. Ao final, levaram para casa as palavras formadas com a argila: um objeto para lembrar. Fizemos mais duas sessões onde trabalhamos os sentimentos de perda e realização do grupo. Ajudamos a pensar nas alternativas existentes para que eles continuassem a aprender, procurando grupos de educação de adultos e supletivos de 1º grau. Lembramos que, em breve, estariam se mudando do Abrigo e que teriam um papel a viver nas suas novas casas e comunidades.

No último encontro, todos compareceram. Levamos brindes: roupas, utensílios para cozinha, cadernos, lápis e borracha. Foi feito um ditado com palavras estudadas no grupo e, à medida que acertavam, recebiam um brinde. Também queríamos "deixar lembranças"!

A regressão provocada pela emoção do final de grupo ainda se mostrava. Quando foi pedido que escrevessem o próprio nome, todos escreveram com algum erro. Perder as relações no grupo estava associado a perder os ganhos do processo. Ana Alice escreveu seu sobrenome faltando uma letra, como no primeiro dia: Sila, ao invés de Silva. Aceitou a correção que foi feita. Imaculada disse que não poderíamos ir embora e nos perguntou "e se as letrinhas se separarem de novo?". Respondemos "a gente junta elas de novo". Talvez devêssemos ter respondido "**vocês** juntam elas de novo". Mas nós também estávamos emocionadas por acabar o trabalho...

Ao final da Oficina, foi feito um lanche coletivo. Imaculada surpreendeu a todos com uma pizza feita por ela para o grupo. Mostravam seus próprios recursos! Imaculada escreveu a receita para nos dar de presente. Exerciam a reciprocidade! O encontro acabou com abraços e agradecimentos. O Sr. Alberto declarou que as manhãs de sábado não seriam as mesmas. Todos disseram que sentiriam saudades e respondemos que nós também, mas... que isso era muito bom!

Mais Algumas Palavras...

Ao iniciarmos a experiência com o Grupo de Alfabetização no Abrigo, queríamos compreender melhor a articulação entre Paulo Freire e Pichon-Rivière, bem como entre outros autores relevantes da teoria dos pequenos grupos, construindo uma metodologia de Oficinas. Naquele momento, contribuições de outros autores da área da educação não foram incorporadas. Nossa preocupação estava em investigar a dimensão intersubjetiva da relação de aprendizagem dentro da relação grupo-tarefa.

O trabalho se revelou muito produtivo e nos incentivou a prosseguir, com outros grupos e com a mesma metodologia de Oficinas. Assim, poderemos avançar na análise e nos procedimentos, incorporando novos aportes da educação e da psicologia social.

RECEITA DE PIZZA
MATERIAL:
2 COPOS DE FARIMHA DE TRIGO
1 e meio COPOS DE LEITE morno
5 COLHERES DE CAFE DE PÓ
ROYAL.
3 OVOS
5 COLHERES DE CHÁ DE ÓLEO
MODO DE FAZER:
COLOCAR O LEITE MORNO
A FARIMHA E DEPOIS OS
OUTROS INGREDIENTES.
AMASSAR E ABRIR NA
FORMA UNTADA.
RECHEAR A GOSTO.
COBRIR COM QUEIJO RALADO
LEVAR AO FORNO.

9

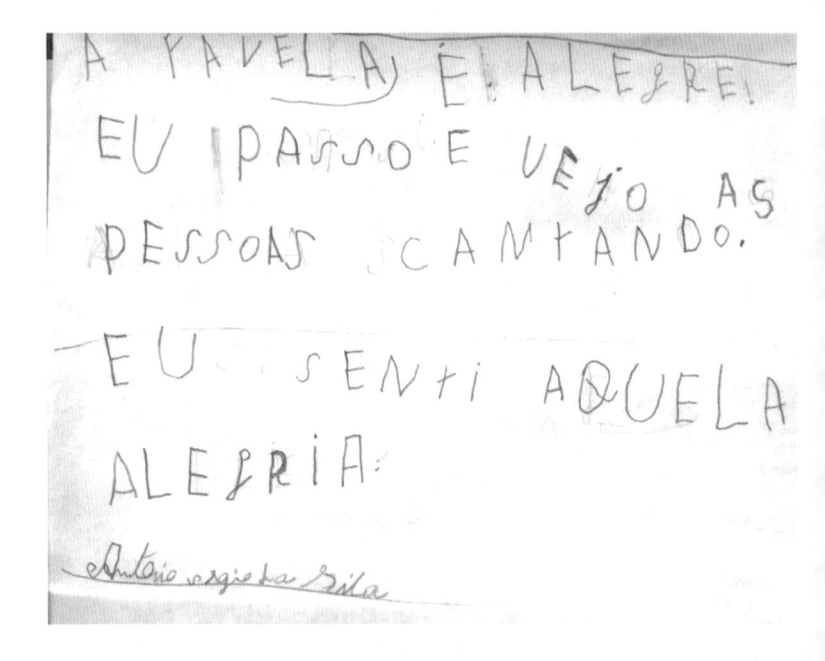

Bibliografia

Apresentamos aqui a bibliografia utilizada para a análise, a bibliografia de apoio em relação a técnicas de grupo.

Bibliografia para análise da Oficina

AFONSO, Maria Lúcia M. "Oficinas em dinâmica de grupo: um método de intervenção psicossocial". In: AFONSO, M. L.M. (Org.) *Oficinas em dinâmica de grupo: um método de intervenção psicossocial*. Belo Horizonte: Edições do Campo Social, 2000.

BERSTEIN, M. "Contribuições de Pichón-Rivière à psicoterapia de grupo". In: OSÓRIO, L. C. e col. *Grupoterapia hoje*. Porto Alegre: Artes Médicas, 1986, p. 108-132.

BION, W. R. *Experiências com grupos: os fundamentos da psicoterapia de grupo*. Rio de Janeiro: Imago, Editora da Universidade de São Paulo, 1975.

CIAMPA, A . "Identidade". In: LANE, S.T.M. e CODO, W. (orgs). *Psicologia social- O homem em movimento.* São Paulo: Brasiliense, 1988.

ENRIQUEZ, E. "O vínculo grupal". In: LÉVY, A et al. *Psicossociologia: análise e intervenção.* Petrópolis: Vozes, 1994. p. 56-69.

ENRIQUEZ, E. *A Organização em Análise.* Petrópolis: Vozes, 1997.

FREIRE, P. *Ação cultural para a liberdade.* Rio de Janeiro: Paz e Terra, 1976.

FREIRE, P. *Educação como prática da liberdade.* Rio de Janeiro: Paz e Terra, 1980.

FREIRE, P. *Conscientização – teoria e prática da libertação: Uma introdução ao pensamento de Paulo Freire.* São Paulo: Moraes, 1980.

GAYOTTO, M.L.C. e DOMINGUES, I. *Liderança – aprenda a mudar em grupo.* Petrópolis: Vozes, 1998.

GROSSI, E. (Org.). *Paixão de Aprender.* Petrópolis, RJ: Vozes, 1992.

INSTITUTO PICHÓN-RIVIÈRE DE SÃO PAULO. *O processo educativo segundo Paulo Freire e Pichón-Rivière.* Petrópolis: Vozes, 1991.

LEWIN, K. *Problemas de Dinâmica de Grupo.* São Paulo: Cultrix, 1988.

MAILHIOT, G. B. *Dinâmica e gênese dos grupos.* São Paulo: Livraria Duas Cidades, 1991.

PICHON – RIVIÈRE, E. *O processo grupal.* São Paulo: Martins Fontes, 1998.

PORTARRIEU, M.L.B. e TUBERT-OAKLANDER, J. "Grupos operativos". In: OSÓRIO, L. C. e col. *Grupoterapia hoje.* Porto Alegre: Artes Médicas, 1986, p. 135-141.

WINNICOTT, D.W. *O brincar e a realidade.* Rio de Janeiro: Imago, 1975.

Bibliografia de apoio para técnicas de grupo

FRITZEN, S. *Exercícios práticos de dinâmica de grupo.* Petrópolis: Vozes, 1982, vols 1 e 2.

MACRUZ, F. e col. *Jogos de cintura.* Belo Horizonte: Escola Sindical 7 de Outubro, 1992.

YOZO, R. Y. *100 jogos para grupos – uma abordagem psicodramática para empresas, escolas e clínicas.* São Paulo: Ágora, 1984.

GLOSSÁRIO DE TÉCNICAS UTILIZADAS NAS OFICINAS

1. **ABRAÇO COLETIVO:** Em roda, olhos fechados. Se possível, música suave. Iniciar com um relaxamento individual onde as pessoas façam movimentos relaxantes com braços, cabeça, etc. Soltam os troncos. Começam a se tocar, nas pernas, coxas, quadris, cintura, braços, pescoço, cabeça. Fazem "cafuné" em si mesmas. Dão um abraço apertado em si mesmas, cruzando os braços à altura dos ombros e fazendo um "balancinho", como se embalando um bebê. Depois, abrir os braços, estendê-los e tomar as mãos dos parceiros de cada lado, fazendo uma roda de mãos dadas. Caminhar para dentro da roda, todos juntos, para ficarem bem próximos e se abraçarem.

2. **ABRAÇO EM SI:** De pé ou assentados, os participantes recebem instruções da coordenação para relaxarem tórax, braços e cabeça. Aos poucos, levantar o corpo e se abraçar, procurando sentir o próprio corpo. Cada um vai se tocando até se abraçar, como no início do Abraço Coletivo.

3. **ABRIGO SUBTERRÂNEO:** Em uma hipotética situação de guerra, existe um abrigo subterrâneo onde só podem entrar 6 pessoas. Mas há 12 do lado de fora. A partir de uma lista de 12 pessoas, o grupo decidir quem irá para o abrigo. Entregar a lista de pessoas para o grupo criando de propósito ambivalências, por exemplo: uma criança de 6 anos, com Síndrome de Down, uma enfermeira de 34 anos, que não pode ter filhos, etc. Valores e prioridades aparecem. O grupo mostra um processo de discussão e tomada de decisão, com muitos elementos para reflexão.

4. **ASSOCIAÇÃO LIVRE:** Com caneta e papel, cada um escreve tudo que lhe vem à mente, a partir de uma "palavra-geradora", que pode ser escolhida pelo grupo ou pela coordenação. Pode-se escrever individualmente, ou pode-se passar a folha de mão em mão, no grupo, para que todos escrevam na mesma folha. A partir do registro, montar um quadro com o conteúdo levantado. Discutir.

OFICINAS EM DINÂMICA DE GRUPO

5. **ATRAVESSANDO UM RIO:** o coordenador faz de conta que a sala é um grande rio e desenha no chão (ou marca com almofadas ou outras coisas) pedras imaginárias. Cada subgrupo terá que atravessar, de mãos dadas, um rio de crocodilos, pulando nas pedras imaginárias, sem deixar o grupo se desfazer.

6. **AUTO ESTIMA:** O coordenador distribui uma folha de papel ofício para cada participante e diz frases que estão associadas à auto-estima. Em primeiro lugar, as frases que lembram os impactos negativos, como "perder o emprego", "seu pai brigou com você", etc. A cada frase dita os participantes rasgam um pedaço do papel, de tamanho correspondente à importância que a frase expressa para a sua auto-estima. As frases se sucedem até que a folha esteja toda rasgada. Então, o coordenador começa a falar frases que estariam associadas ao fortalecimento da auto-estima, como "você conseguiu passar de ano na escola". A cada frase dita os participantes procuram nos pedaços de suas folhas aquele que corresponde em tamanho à importância que o fato tem para eles. As frases se sucedem até que "reconstruam" sua folha. Discussão sobre a auto-estima.

7. **BALANÇA:** Desenhar uma balança grande. O grupo é solicitado a fazer uma avaliação (sobre o grupo, sobre um curso, etc.). De um lado da balança, escrevem os pontos positivos. Do outro, os negativos. Para que lado a balança vai pesar? Discutir.

8. **BATATA QUENTE:** Elabora-se uma pergunta e um objeto (bola) é jogado para cada pessoa que dá a resposta, imediatamente.

9. **BATE-PAPO EM DUPLA:** Formam-se duplas, e cada um se apresenta falando de si, de sua vida, cotidiano e expectativas em relação ao grupo.

10. **CAIXINHA DE SURPRESAS:** 1) Cada pessoa escreve um tipo de problema ou "dilema" que gostaria de discutir no grupo, sem colocar o seu nome. Os "bilhetinhos" são colocados em uma caixa e misturados. 2) Cada participante retira aleatoriamente um dos bilhetes e responde a ele, dizendo o que faria ("se fosse eu") caso estivesse no lugar da pessoa ou enfrentasse o mesmo tipo de problema.

Discute-se. 3) O grupo faz um levantamento dos tipos de problemas e soluções que mais apareceram e sua relação com a vida dos participantes.

11. **CEGO E GUIA:** Formam-se duplas. Em cada dupla, um tem os olhos vendados e será o cego. O outro ficará como guia. Combinam a forma como se comunicarão, pois a atividade é realizada em silêncio. A comunicação se dá pelo toque na cabeça(pare), ombros(direita e esquerda) costas(em frente) e testa (para trás). Após alguns (+- 3 a 4) minutos, trocam-se os papéis. Discutir.

12. **DAR E RECEBER:** Sentados em círculo, todos estendem as duas mãos. O coordenador explica que a atividade lembra o dar e receber em grupos. Então, sugere que cada participante estenda as mãos: a direita estará com a palma voltada para cima e a esquerda com a palma voltada para baixo. Dessa forma, as mãos se encaixam na roda: a palma virada para cima "recebe" a palma (de outra pessoa) que está virada para baixo. Depois, inverte-se a posição das mãos direita e esquerda, e novamente o grupo se dá as mãos, trocando de posição no dar e receber.

13. **DESENHO DE UM BONECO E DE UMA BONECA NUS:** O grupo – ou os subgrupos – desenha os bonecos, relacionando cada parte do corpo a uma palavra. Discutir.

14. **ENCENAÇÃO:** A sala transforma-se em palco, onde os integrantes do grupo representam cenas e papéis de situações de seu cotidiano. Discutir sentimentos, pensamentos, ações e interações.

15. **ESCRAVOS DE JÓ:** Ao ritmo da música "Escravos de Jó", são passados dois objetos, de mão em mão, sendo que uma das regras da "brincadeira" é que haja uma sintonia entre o movimento dos objetos e o ritmo da música – para que isto aconteça deve haver também sintonia entre os membros do grupo.

16. **ESPAÇO EM COMUM:** De olhos fechados, os participantes fazem um círculo bem juntos. O coordenador dá instruções para que se mexam, ora um braço, dois braços, uma perna etc. A sensação de invadir ou partilhar do espaço do outro é provocada e discutida.

OFICINAS EM DINÂMICA DE GRUPO

17. **ESTÁTUA MENSAGEM:** Uma pessoa é a "argila" e a outra a "artista" que esculpe na "argila" uma estátua com uma mensagem. Depois, trocam-se os papéis. Discute-se.

18. **ESTRELA DE 5 PONTAS:** Os participantes desenham uma estrela de cinco pontas. A estrela contém, em seu centro, uma questão (ou pergunta, ou palavra) sobre a qual se desenvolverá uma reflexão. Em cada ponta da estrela, deverão colocar aquilo que (1) observam, (2) pensam, (3) sentem, (4) como gostariam que fosse e (5) o que fazem em relação àquela questão. Conversam e trocam suas opiniões.

19. **FOTO-IMAGENS:** Os coordenadores levam notícias ou fotos pertinentes ao tema do encontro. No chão, em círculo, distribuem as "foto-imagens" que vão sendo passadas de mão em mão. Conversam.

20. **INTERAÇÃO EM SILÊNCIO:** Os componentes do grupo, sentados em círculo, recebem mensagens especificando o que devem comunicar em linguagem não-verbal. Exemplo: Diga qual o resulltado do jogo de futebol de ontem ou explique como foi o seu domingo. As mensagens são escritas pela coordenação, durante a brincadeira. Se quiserem, os membros do grupo também podem mandar mensagens.

21. **JOGO DE BALÕES:** cada participante recebe um balão que vai encher de ar e, simbolicamente, de "expectativas". Podem-se colocar pedacinhos de papel com essas expectativas escritas, dentro do balão, antes de enchê-lo. Com os balões cheios, todos jogam-nos para cima, uns para os outros. O grupo não pode deixar cair os balões. Quando os balões caem, ou quando o grupo combina, são estourados. Então, alguém fala sobre a expectativa – ou lê o papel – que estava "dentro" do balão.

22. **LANCHE COLETIVO:** Os lanches são previamente combinados e têm um significado dentro do processo do grupo. Todos os participantes contribuem em sua preparação. São aproveitados como situações que vão dar temas e palavras-geradoras para o processo do grupo.

23. **LEITURA DE CASO:** Em voz alta, é realizada a leitura de um texto, ou depoimento, que ilustra o tema.

24. **MEMÓRIAS E HERANÇAS:** os participantes vão deixando "heranças" uns aos outros, dizendo: "eu quero que você guarde para sempre "**x**" (em que **x** será uma frase, pensamento, sentimento ou experiência vivida pelo grupo que possa ser significativa para o sujeito)". Variação: trazer poemas, letras de música etc, para deixar aos outros de "heranças".

25. **MODELAGEM EM ARGILA:** Com argila, cada um deixa que seus movimentos espontâneos moldem o barro, criando formas.

26. **NÓ HUMANO:** As pessoas fazem um círculo e decoram quem está do seu lado direito e esquerdo. Depois de algumas voltas livres pela sala, todos param e refazem o círculo inicial dando as mãos, mas sem saírem do lugar, formando assim um nó. As pessoas sempre de mãos dadas têm o desafio de desatar o nó feito com os próprios braços.

27. **NOMES DE BICHOS (FLOR etc):** Em círculo, cada participante diz o bicho com que acha que se "parece". Essa "semelhança" é explicitada em termos das características pessoais.

28. **NOMES DE CORES:** Variação usada no grupo de alfabetização: Enquanto fala que cor gostaria de ser e porque, cada participante costura a letra, que está sendo estudada no grupo, num papelão, que é passado para a pessoa ao lado, em seguida.

29. **NOMES DE PLANTAS:** Variação usada no grupo de alfabetização: Cada participante fala o nome de uma planta que gostaria de ser e por quê. Enquanto fala, encaixa pedaços de canudinhos num barbante que é passado para a pessoa ao lado.

30. **NOMES E CARACTERÍSTICAS EM CADEIA:** Cada um diz seu nome e característica iniciada com a primeira letra do seu nome precedido do nome e característica do integrante do grupo que está ao seu lado, formando assim uma corrente/cadeia, que vai aumentando do primeiro ao último a falar?

31. **PAINEL DO GRUPO:** Pedir aos participantes que tragam uma figura (objeto, etc) com que se identifiquem. Formar duplas, cada qual mostra a sua figura e expõe a razão da sua identificação. As duplas se apresentam para o grupão. Em uma grande folha, montam o "painel do grupo": um sentimento de grupo, reforçado através da percepção das similaridades e diferenças.

32. **PALESTRA INTERATIVA:** É a articulação que a coordenação faz das opiniões trazidas pelo grupo, a partir de suas experiências, com conteúdos informativos/esclarecimentos sobre o tema em discussão.

33. **PASSEIO NA FLORESTA:** As pessoas vão andando pela sala como se estivessem em uma floresta. A coordenação vai sugerindo cenas, acontecimentos, em jogo de imaginação. O grupo deve proceder como se estivesse encenando a cena.

34. **PROCURAR LETRAS NO AMBIENTE:** Variação usada no grupo de alfabetização: cada participante procura a letra, que está sendo estudada, no ambiente, por exemplo: no formato da janela, pia etc.

35. **QUADRO COMPARATIVO:** Uso de folha grande para registrar e visualizar os pontos levantados em uma discussão do grupo. Por exemplo, para comparar a adolescência de ontem e a adolescência de hoje: em um papel grande, traça-se o contorno de uma pessoa. No papel, então, o grupo coloca as características do adolescente de ontem. Em outro papel, o grupo escolhe as características do adolescente de hoje. Essas características são ditas pelos próprios participantes do grupo.

36. **QUE PAI/MÃE SOU?:** Usando o suporte da imagem de um catavento, ou cruz, são indicadas, em cada ponta, quatro tipos de atitudes em relação aos filhos: deixa tudo, carinhoso, controla tudo e nervoso. Cada pai aponta entre quais atitudes se encontra, podendo, inclusive, se definir no meio dessas atitudes: "Carinhoso controlador", "carinhoso deixa tudo", "nervoso deixa tudo" ou "nervoso controlador". As atitudes escolhidas definem-se: super protetor, democrático, afastado ou autoritário.

37. **REFLEXÃO EM DUPLA:** Conversa em dupla, para discutir pontos de vista sobre temas específicos. Pode ser feita com instruções quanto a tempo, turnos de fala, etc.

38. **RELAXAMENTO DANÇANTE:** Orientar um relaxamento (contrair e descontrair as partes do corpo, lentamente, alternando com respiração profunda), com todos deitados, de olhos fechados. Introduzir uma música "alegre". Pedir então que mexam progressivamente as partes do corpo (primeiro os dedos dos pés, dedos da mão, aos poucos, todo o resto do corpo) ao ritmo da música. Dançar de olhos fechados, ainda deitados no chão. Sempre de olhos fechados, sentar-se dançando. Depois, levantar e dançar mais, parados no mesmo lugar. Abrir os olhos e continuar a dançar, escolhendo um parceiro. Trocar de parceiro, e assim por diante.

39. **RELAXAMENTO FACIAL:** As pessoas representam expressões faciais a partir de palavras-geradoras, como tristeza, raiva, preocupação, alegria.

40. **RELÓGIO DO COTIDIANO:** Em um (ou mais) relógio(s), representar as divisões do tempo vividas por cada um, em seu dia a dia: o que faz, a que hora, com quem, etc. Que tempo dedicam para si, para o trabalho, a família, o lazer, etc.? Como e com quem isto é vivido?

41. **SAÍDA:** O grupo faz uma roda fechada e uma pessoa, que fica dentro do círculo, tenta sair.

42. **SE EU FOSSE UM LIVRO:** Cada pessoa conta que história seria... se fosse um livro.

43. **SEMELHANÇAS E DIFERENÇAS:** Um dos participantes diz em que é parecido com alguém do grupo e em que é diferente. Falam, sucessivamente, até que todos tenham participado.

44. **SITUAÇÃO NO ESPAÇO:** Cadeiras bem próximas, formando uma roda. De olhos fechados, as pessoas se levantam, andam, voltam e sentam-se. Esticam as mãos para frente, para o lado direito e depois esquerdo, seguindo as instruções da coordenação.

45. **SONS E BRINCADEIRAS:** Cada pessoa faz um som, gesto e/ou palavra que representem o que significa, para si, estar no grupo. O participante do lado direito, repete o som/gesto/palavra do anterior e acrescenta os seus. E, assim, sucessivamente, até chegar ao primeiro novamente.

46. **TELEFONE SEM FIO:** Uma pessoa, de cada vez, passa uma mensagem para outra, até chegar ao final.

47. **TIC-TIC-TAC-BUM:** Combinar uma sequência de sons e gestos (por exemplo, o primeiro som – tic – corresponde a bater palma, o segundo a bater a mão na perna, etc). Em roda, cada participante diz uma sílaba e faz o gesto correspondente, ao mesmo tempo. A sequência deve fluir no grupo, em ritmo cada vez mais apressado.

48. **TRABALHO COM ARGILA:** Formar objetos com a argila, livremente. No grupo de alfabetização, a atividade incluiu formar frases ou palavras onde as letras são moldadas na argila.

49. **TROCA DE BILHETES:** Todos recebem papel e caneta para escrever algo a qualquer um do grupo. Depois, os bilhetes são lidos. A troca é identificada. Foi usado como forma de elaborar o fim do grupo.

Bibliografia de referência para técnicas em dinâmica de grupo

FRITZEN, S. *Exercícios práticos de dinâmica de grupo*. Petrópolis: Vozes, 1982.

MACRUZ, F. e col. *Jogos de cintura*. Belo Horizonte: Escola Sindical 7 de Outubro, 1992.

YOZO, R.Y. *100 Jogos para grupos – uma abordagem psicodramática para empresas, escolas e clínicas*. São Paulo: Ágora, 1984.

SOBRE AS AUTORAS

Anaíde Oliveira da Silva
À época do projeto (1998-1999) era estudante de graduação. Hoje, é psicóloga pela UFMG e assessora técnica do Centro de Desenvolvimento Científico e Tecnológico da Secretaria Estadual de Saúde de Minas Gerais.

Anna Carolina Andrade Barbosa
À época do projeto (1998-1999) era estudante de graduação. Hoje, é psicóloga pela UFMG; especialista em Gestão de Sistemas e Serviços de Saúde pela Escola de Saúde Pública de Minas Gerais (ESP/MG)- FUNED; mestranda em Psicologia pela UFMG, área de concentração Estudos Psicanalíticos; foi professora substituta do Departamento de Psicologia da UFMG, nas áreas de Clínica e Psicanálise, no período de agosto de 2003 a dezembro de 2004.

Ana Paula Barros Chaves
À época do projeto (1998-1999) era estudante de graduação. Hoje, é psicóloga pela UFMG e assessora técnica na Assembléia Legislativa de Minas Gerais.

Betânia Diniz Gonçalves
À época do projeto (1998-1999) era estudante de pós-graduação. É, hoje, psicóloga pela PUC-MG; especialista em Educação Sexual; mestre em Psicologia pela UFMG, área de concentração Psicologia Social; doutoranda em Psicologia Social pela PUC-SP (defesa prevista 02/12/05) e professora da PUC-MG/São Gabriel.

Cássia Beatriz Batista e Silva
À época do projeto (1998-1999) era estudante de pós-graduação. Hoje, é psicóloga pela UFMG; mestre em Psicologia pela UFMG, área de concentração Psicologia Social; professora Assistente da PUC-MG/São Gabriel; Membro do CEIA – Centro de Estudos sobre a Infância e Adolescência e do Laboratório de Psicologia Social da PUC-MG/São Gabriel.

Gabriela Rodrigues Mansur de Castro
À época do projeto (1998-1999) era estudante de graduação. Hoje, é psicóloga pela UFMG; licenciada pela Faculdade de Educação da UFMG e aluna do curso de psicanálise das Formações Clínicas do Campo Lacaniano. Atua como psicóloga judicial do Tribunal de Justiça de Minas Gerais.

Juliana Mendanha Brandão
À época do projeto (1998-1999) era estudante de graduação. Hoje, é psicóloga pela UFMG; especialista em Psicopedagogia; psicóloga do Instituto de Previdência Social do Estado de Minas Gerais (IPSEMG) e da Secretaria de Saúde de Contagem/MG.

Karin Ellen von Smigay
À época do projeto (1998-1999) era professora adjunta do Departamento de Psicologia da UFMG. Psicóloga pela PUC-MG; mestre em Psicologia pela UFMG, área de concentração Psicologia Social e doutora em Psicologia Social, pela PUC-SP, hoje está aposentada pela UFMG e atua como assessora para políticas públicas na área de relações de gênero e violência.

Maria Amélia Thomaz
À época do projeto (1998-1999) era estudante de graduação. Hoje, é psicóloga pela UFMG e especialista em Gestão de Recursos Humanos pela Fundação Getúlio Vargas/RJ. Trabalha na área de gerência no Banco do Brasil.

Maria Lúcia M. Afonso
À época do projeto (1998-1999) era professora adjunta do departamento de psicologia da UFMG. Psicóloga pela UFMG; mestre e doutora em Educação pela UFMG, hoje é professora aposentada do Departamento de Psicologia da UFMG. Atua como pesquisadora visitante na Universidade Federal de São João Del Rei (2005-2006) e como consultora para programas sociais, com ênfase em grupos, famílias e comunidades (Prefeitura de Belo Horizonte, Prefeitura de Betim/MG, Ministério de Desenvolvimento Social e outros). Presidente da ONG Rede de Cidadania Mateus Afonso Medeiros (RECIMAM).

Mércia Veloso
À época do projeto (1998-1999) era estudante de graduação. Hoje, é psicóloga pela UFMG; mestre em Psicologia pela UFMG, área de concentração Psicologia Social; psicóloga no Serviço de Orientação Sócio-familiar da Prefeitura de Belo Horizonte.

Romina Moreira de Magalhães Gomes
À época do projeto (1998-1999) era estudante de graduação. Hoje, é psicóloga pela UFMG; mestre em Psicologia pela UFMG, área de concentração Estudos Psicanalíticos; psicóloga Judicial do Programa de Atenção Integral ao Paciente Judiciário (PAI-PJ) do Tribunal de Justiça de Minas Gerais.

Stefânie Arca Garrido Loureiro
À época do projeto (1998-1999) era estudante de graduação em psicologia e pedagoga. Hoje, é pedagoga, psicóloga pela UFMG e mestre em Psicologia pela UFMG, área de concentração Psicologia Social.

Conheça também:

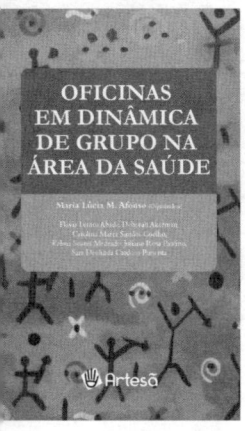

Oficinas em Dinâmica de Grupo na Área da Saúde
Maria Lúcia M. Afonso (Organizadora)

ISBN: 9788562553295

O trabalho com pequenos grupos tem sido apontado como um instrumento para a atenção básica, prevenção e a promoção da saúde. Mas como desenvolver esse trabalho? Neste livro, é apresentado um curso sobre oficinas de dinâmica de grupo na área da saúde, composto por nove textos, com tarefas e comentários. O livro oferece fundamentação teórica para esse trabalho e discute como construir, conduzir e avaliar uma "oficina" na saúde. A equipe interdisciplinar e a ética do trabalho com grupos na saúde são temas que merecem destaques nos dois últimos textos. O curso foi desenvolvido, aplicado e avaliado pela equipe da professora Lúcia Afonso, no Laboratório Grupo, da Pós-graduação em Psicologia da UFMG. Desenvolvido, inicialmente, na forma de "educação à distância", este livro vem, agora, possibilitar que o curso seja inteiramente aproveitado em sala de aula e em programas de capacitação profissional.

Construindo ideias
e conectando mentes

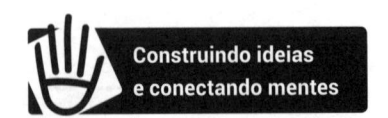

Este livro foi composto com tipografia Helvetica
e impresso em papel Apergaminhado 75g
na Promove Artes Gráficas em setembro 2022.